“十三五”国家重点出版物出版规划项目
公路施工安全教育系列丛书

公路施工安全教程

第二册　路基路面施工安全技术

广东省交通运输厅　组织编写
广东省南粤交通投资建设有限公司
中铁隧道局集团有限公司　主　编

人民交通出版社股份有限公司
China Communications Press Co.,Ltd.

内 容 提 要

本书是《公路工程安全教育系列丛书》中的一本，是《公路施工安全视频教程》的配套用书。本书主要介绍路基路面施工安全技术的相关内容，包括：路基基础知识、路基土石方施工、特殊路基施工、边坡防护与支挡工程施工、涵洞施工、路面基础知识、路面施工、交通安全设施施工等主要施工环节的安全作用要点。

本书可供公路施工技术与管理人员使用，也可作为相关人员安全学习的参考资料。

图书在版编目(CIP)数据

路基路面施工安全技术 / 广东省交通运输厅组织编写；广东省南粤交通投资建设有限公司，中铁隧道局集团有限公司主编. — 北京 ：人民交通出版社股份有限公司，2018.12

ISBN 978-7-114-15074-6

Ⅰ.①路… Ⅱ.①广… ②广… ③中… Ⅲ.①路基工程—道路施工—安全技术—指南②路面施工—安全技术—指南 Ⅳ.①U416-62

中国版本图书馆 CIP 数据核字(2018)第 235023 号

Luji Lumian Shigong Anquan Jishu

书　　名：路基路面施工安全技术
著 作 者：广东省交通运输厅　组织编写
广东省南粤交通投资建设有限公司　中铁隧道局集团有限公司
责任编辑：韩亚楠　朱明周
责任校对：张　贺
责任印制：张　凯
出版发行：人民交通出版社股份有限公司
地　　址：(100011)北京市朝阳区安定门外外馆斜街 3 号
网　　址：http://www.ccpress.com.cn
销售电话：(010)59757973
总 经 销：人民交通出版社股份有限公司发行部
经　　销：各地新华书店
印　　刷：北京建宏印刷有限公司
开　　本：787 × 1092　1/16
印　　张：7.75
字　　数：173 千
版　　次：2018 年 12 月　第 1 版
印　　次：2023 年 8 月　第 4 次印刷
书　　号：ISBN 978-7-114-15074-6
定　　价：42.00 元
(有印刷、装订质量问题的图书，由本公司负责调换)

《公路施工安全教程　第二册　路基路面施工安全技术》

编审委员会

编写人员

主　编： 潘明亮

副主编： 陈子建　韩占波　王立军

编　写： 任伟杰　覃辉鹏　刘爱新　李　磊
杨　鹏　张江涛　符　兵　曹光全

健全安全教育体系
筑牢安全发展基石

改革开放40年来特别是党的十八大以来，广东交通运输主动服务国家重大战略，全面贯彻省委省政府决策部署，抢抓机遇，深化改革，加快推进现代化综合交通运输体系建设，交通运输发展的先行作用不断凸显。党的十九大开启了建设交通强国的新征程，为深入贯彻落实习近平总书记亲自谋划、亲自部署、亲自推动的粤港澳大湾区发展战略，我们以推进湾区交通基础设施互联互通为重点，开始了新一轮的综合交通规划布局，交通建设迎来了新的战略机遇期。

“求木之长者，必固其根本；欲流之远者，必浚其泉源”。在当前交通运输基础设施发展、服务水平提高和转型发展的黄金时期，既要深刻认识到高质量发展带来的新机遇，同时，也要看到行业发展面临的风险和挑战，尤其是安全发展任重道远。我们要始终牢固坚守“底线思维”和“红线意识”，始终把人民群众生命安全放在第一位，发展绝不能以牺牲安全为代价。为切实保障交通建设安全生产，我厅秉持安全发展理念，着眼于“以技术保安全，以管理促安全”，凝聚专业力量，合力集中攻关，在系统、全面总结以往安全生产管理经验的基础上，组织编制了《公路施工安全视频教程》及配套用书。《教程》及配套用书分为安全管理、路基路面施工安全技术、桥梁施工安全技术、隧道施工安全技术、工种安全操作五个方面介绍安全生产知识要点，对相关管理人员、专业技术人员和现场作业工人均具有一定学习和参考价值。

《教程》及配套用书的编制和出版，是贯彻落实中央和省关于安全生产重要决策部署的具体行动，是我们响应和贯彻交通运输部要求，提高交通建设“本质安全”、打造“品质工程”、深化“平安交通”的重要举措，也是我省交通基础设施建设快速发展的迫切需要。希望广大交通建设管理和施工、监理人员宣贯好、推广好，在工作中严监管、真落实、见长效，坚持不懈地抓好交通建设安全生产，为交通强国建设做出新的贡献，不断实现交通延伸人民美好生活的愿景！

广东省交通运输厅

2018年12月

前 言

Foreword

保障人民生命财产安全，实现安全生产，关乎民生福祉、经济社会发展大局。交通建设是安全生产的重要领域，全面遵循习近平总书记关于安全生产的一系列重要指示批示精神，牢固树立“红线意识”、“底线思维”，深入践行以人民为中心的发展思想，坚持奉行“生命至上、安全第一”的建设理念,是实现交通建设目标的前提和基石。

为夯实行业安全生产基础，切实提高从业人员的安全意识和安全技能；着力解决当前公路施工安全生产教育培训缺乏系统性和针对性强的培训教材等问题；广东省交通运输厅主动作为，创新实践，在系统总结、全面梳理以往行业安全生产管理经验的基础上，组织专业力量编制了《公路施工安全视频教程》（以下简称“视频教程”）及配套用书。

“视频教程”已由人民交通出版社先行出版发行，分为安全管理、专业安全技术、工种安全操作和事故案例分析等四方面内容，其中专业安全技术又分为路基路面施工、桥梁施工和隧道施工三个部分。以动画和视频为主要表现形式，讲解了公路施工专业技术基础知识、安全风险和防范措施，生动直观，通俗易懂。本次出版的“配套用书”分为安全管理和路基路面、桥梁、隧道施工安全技术以及工种安全操作五个部分，图文并茂，易学易懂易记，与视频教程配套使用。其中工种安全操作以“口袋书”的形式单独细分成册，由《作业人员基本安全知识》《班组日常安全管理》《个人劳动保护及工程临边防护》《施工现场临时用电安全操作手册》《现场急救常识》及架子工、混凝土、隧道工等22个工种安全操作手册组成（共27本分册），全面介绍工人操作与安全生产施工的核心知识和现场安全操作要点，以促进工人综合素质和技能提升，培育交通工匠精神。

“视频教程”和“配套用书”的编制历时两年，由广东省南粤交通投资建设有限公司、中铁隧道局集团有限公司、武汉博晟安全技术股份有限公司等单位的相关技术人员，组成一支近百人的专业团队，收集了50多个高速公路建设项目的工程和视频资料，广泛吸取了各有关单位的意见建议，进行了数十次的修改和完善。编制工作注重理论与实践相结合，力求兼顾管理层、技术层和操作层的相关人员安全教育培训需求，可用于专业技术辅助交底和安全教育培训。在实际使用中应结合工作实际，对其中未涉及的法律和标准规范进行补充和完善。

在编制过程中，编写组参阅借鉴了大量资料，得到了许多领导、专家和同行的关心、指导和帮助，在此一并致以真诚的感谢和敬意！同时，由于我们的知识水平和工作能力所限，难免存在不足、疏漏甚至错误，恳请各位专家、读者将发现的问题和意见建议，及时函告广东省交通运输厅工程质量管理处（地址：广州市白云路27号，邮政编码：510101），或者广东省南粤交通投资建设有限公司安全生产监督管理部（地址：广州市天河区珠江新城珠江东路32号利通广场36楼，邮政编码：510623），帮助我们更好地改进提升。

本书编写组

2018年12月

目　录
Contents

第一章 PART 1 路基基础知识

第一节　路基定义与施工特点

路基是路面的基础，是在设计线路位置，采用土、石等材料按照一定技术要求修筑的带状土工结构物，承受由路面传递下来的行车荷载。路基施工具有战线长、管理跨度大，受地质、地形、气候等因素影响大及断面结构与防护形式多样等特点。路基由路基本体、边坡防护、排水系统三部分组成。

第二节　路基与附属工程基本类型

一、路基基本类型

路基按断面形式可分为路堤、路堑、填挖结合（半填半挖）三种类型。见图 1-1。

a)路堤

b)路堑

c)填挖结合

图 1-1　路基基本类型

路堤按填土高度的不同，可分为矮路堤、高路堤、一般路堤。填土高度小于 1.5m 者，属于矮路堤，填土高度大于 18m（土质）或 20m（石质）的路堤属于高路堤，填土高度在 1.5～18m 范围内的属于一般路堤。

路堤按所处工程地质可分为土方路基、石方路基、土石混填路基及特殊路基。其中，特殊路基是指修建在不良地质、特殊气候、自然灾害地段及特殊地理位置等不利条件下的路基。

路堑按横断面形式可分为全宽式路基、台口式路基和半山洞路基，高速公路路堑形式主要为全宽式路基。

填挖结合（半填半挖）路基是路堤和路堑的结合形式，兼有路堤和路堑的设置要求。

二、路基截排水设施类型

路基截排水设施可分为排水沟、边沟、截水沟、急流槽等。

排水沟：主要用于引水，将路基范围的水流引至桥涵或路基范围以外的指定地点。见图 1-2。

边沟：主要用于汇集和排除路基范围内和流向路基的少量地面水，设置在挖方路基的路肩外侧或低路堤的坡脚外侧。见图 1-3。

图 1-2　排水沟

图 1-3　边沟

截水沟:主要用于拦截、排除路基上方流向路基的地面径流,减轻边沟的水流负担,保证挖方边坡和填方坡脚不受流水冲刷,设置在挖方路基边坡坡顶以外,或山坡路堤上方。见图 1-4。

急流槽:主要用于坡度陡、水流速度快、冲刷力大位置,设置于纵坡大于 10%,水头高差大于 1m 的陡坡地段。见图 1-5。

图 1-4　截水沟

图 1-5　急流槽

第三节　路基性能要求与影响因素

一、路基的性能

路基的性能要求主要包括:结构承载能力、稳定性、水稳定性、温度稳定性等。见表 1-1。

路基的性能　　表 1-1

序号	路基的性能	性能要求
1	结构承载能力	随着深度的增加,应力应变会逐渐变小并趋近于零
2	稳定性	在车辆荷载及自然环境的影响下,能保持原有几何尺寸,支撑路面结构,保证交通畅通的能力
3	水稳定性	在水的作用下保持路基强度的能力
4	温度稳定性	温度变化对路基强度及稳定性的影响

路基填料的来源和性质极大地影响着路基的各项性能。由于路基填料的性质和风化程度不同，其物理、化学、力学性质也是千差万别，因此，在选择路基填料时，应充分考虑材料的水稳定性及强度，在此基础上因地制宜选择天然填料或工业填料。

二、路基修建的主要影响因素

路基修建的主要影响因素有：地理条件、地质条件、气候、水文地质等方面。见表1-2。

路基修建主要影响因素　　表1-2

序号	影响因素	具体内容
1	地理条件	地形、地势、河流、山川等
2	地质条件	岩层的成因、风化程度、软弱夹层、力学性能、岩体的褶皱、断层及节理构造等
3	气候	受气温、降水、风向风力，影响路基的温度稳定性、水温稳定性等
4	水文地质	指自然界地表水和地下水的变化、运动规律，影响路基的选址和挖填高度等

另外，路基还受路基设计、路基施工、养护措施等因素影响。结合以上路基稳定性影响因素，因地制宜地采取有效工程措施，已达到正确进行路基设计、施工和养护的目的。

第四节　路基土石方施工机械与主要施工方法

一、路基土石方施工机械

路基土石方施工机械主要有：挖掘机、装载机、自卸汽车、铲运机、推土机、平地机、压路机、洒水车、潜孔钻机等。见表1-3。

路基土石方施工机械　　表1-3

序号	机械设备名称	适用范围
1	挖掘机	挖、装作业
2	装载机	装、运作业
3	自卸汽车	运输作业
4	铲运机	土方转运作业
5	推土机	平整作业
6	平地机	平整作业
7	压路机	压实作业
8	洒水车	填筑作业
9	浅孔钻机	石方爆破钻孔作业

二、路基主要施工方法

根据设计文件、地质状况、地形条件、外部环境等因素，路堤和路堑应选择合理的施工方法。

1. 路堤填筑施工方法

路堤填筑主要施工方法可分为：水平分层填筑法、纵向分层填筑法、横向填筑法和混合填筑法。

2. 路堑开挖施工方法

路堑开挖又可分为土方开挖和石方开挖，其主要施工方法可分为：

(1)土方路堑开挖方法：横挖法、纵挖法和混合式开挖法；

(2)石方路堑开挖方法：爆破法和破碎法。

3. 特殊路基施工方法

特殊路基的施工方法：根据相应的环境及地质条件，采用专项处置方案。见表1-4。

特殊路基施工方法　　表1-4

类　型	定　义	常用的处理方法
软土路基	强度低，压缩量较高的软弱土层，多数含有一定的有机物质； 主要分布在沿海、沿湖、沿河地带	换填法、强夯法、土工织物加固法、水泥土搅拌法等方法
滑坡地段路基	山体沿着一定的软弱面(带)做整体、缓慢、间歇性的滑动现象； 公路工程施工中均存在滑坡地段分布	抗滑挡土墙、抗滑桩、锚杆加固等方法
泥石流地区路基	经特大暴雨或大量冰融水流出时，突然爆发大量泥沙、石块的洪流； 主要分布于地形陡峻，松散堆积物丰富的地区	加固法、拦挡法及排导法等方法
岩溶地区路基	石灰岩等可溶性岩层，在流水的长期溶解和剥蚀作用下，产生特殊的地貌形态和水文地质现象； 主要集中在我国华南和西南	填塞、灌浆、跨越、疏导等方法

软土路基常用换填法、强夯法、CFG桩法等方法处理。

滑坡地段路基常用抗滑桩、锚杆加固等方法处理。

泥石流地区路基常用加固法、拦挡法等方法处理。

岩溶地区路基常用填塞、跨越等方法处理。

第五节　路基检测

路基在施工过程中，应对填料含水率、压实度、孔隙率、层厚、粒径、宽度、平整度以及整体荷载等方面进行检测。见表1-5。

路基检测指标　　表 1-5

检测项目	常用方法	检测频率
含水率	烘干法等	同一种土源
压实度	灌砂法、灌水法等	每层检测，200m 测 4 处
孔隙率	水袋法等	每层检测，200m 测 4 处
填料厚度及粒径	现场抽样检测法等	每 1km 随机抽取 2 处
宽度及平整度	尺量和水准仪等	每层检测，每 10m 一个断面
整体荷载	检测仪器配合车辆进行弯沉检测等	路基填筑到设计高程时

第六节　路基特殊部位处理

路基的特殊部位主要指涵背（图 1-6）、台背（图 1-7）、墙背（图 1-8）等部位。

图 1-6　涵背

图 1-7　台背

图 1-8　墙背

特殊部位的回填处理是路基施工控制的重点，处理不当极易产生开裂、沉陷等质量病害，因此，在特殊部位进行处理时对“填料选择”“填筑要求”“机械选型”“检查检测”4 个方面进行控制。见表 1-6。

路基特殊部位回填填筑要求　　表 1-6

序号	填筑要求
1	桥台、涵洞、挡墙完成后，达到设计强度的 85% 时，方可进行回填
2	填料宜采用透水性材料、轻质材料、无机结合料等，非透水性材料不得直接用于回填
3	回填应分层填筑、分层压实，分层厚度宜为 100 ~ 200mm，分层压实厚度不宜大于 150mm，压实度不小于 96%
4	涵洞两侧紧靠涵台部分的回填土不宜采用大型机械进行压实施工，宜采用人工配合小型机械的方法夯填密实
5	涵洞填土的每侧长度均应符合设计规定，设计未规定时，应不小于洞身填土高度的 1 倍
6	涵洞顶部的填土厚度必须大于 0.5m 后方可通行车辆和筑路机械

第七节　路基施工主要安全风险

路基施工过程中，存在的一般安全风险主要有：物体打击、机械伤害、触电、高处坠落、火工品爆炸、车辆伤害、起重伤害、放炮伤害等。

特有的安全风险主要有：边坡失稳坍塌、基坑坍塌、脚手架坍塌、滑坡及泥石流灾害、中毒窒息等。见表 1-7。

路基施工主要安全风险　　表 1-7

序号	施工工序	一般的安全风险	特有的安全风险
1	路基土石方施工	物体打击、机械伤害、触电、高处坠落、火工品爆炸等	边坡失稳坍塌、滑坡及泥石流灾害、放炮伤害、车辆伤害等
2	特殊路基施工	机械伤害、车辆伤害、高处坠落、物体打击、起重伤害、触电等	基坑坍塌、边坡坍塌、自然灾害等
3	边坡防护工程	火工品爆炸、放炮伤害、物体打击、车辆伤害、机械伤害、起重伤害、触电等	边坡坍塌、脚手架坍塌、高处坠落、中毒窒息等

第二章 PART 2

路基土石方施工

第一节　路基土石方施工概述

一、路基土石方施工定义

路基土石方施工是指为保证路基成型所进行的土石方填筑及开挖作业，主要包括路堤填筑、路堑开挖和填挖结合。

路堤：指高于原地面的填方路基，路堤在结构上分为上路堤和下路堤，上路堤是指路面底面以下 0.8～1.5m 范围内的填方部分，下路堤是指上路堤 1.5m 以下的填方部分。

路堑：指通过开挖天然地面做成的路基。按材质可分为土质路堑和石质路堑。

填挖结合：当原地面横坡大，且路基较宽，需一侧开挖另一侧填筑时，为填挖结合路基，也称半填半挖路基。在丘陵或山区公路上，填挖结合是路基横断面的主要形式。

二、路基土石方施工方法

（一）路堤填筑方法

路堤填筑可分为土质路堤填筑和石质路堤填筑。

1. 土质路堤填筑

土质路堤填筑施工方法主要有：水平分层填筑法、纵向分层填筑法、横向填筑法和混合填筑法。

（1）水平分层填筑法

将路堤划分为若干水平层次，逐层向上填筑、压实，是路基施工的常用方法。见图 2-1。

（2）纵向分层填筑法

依路线纵坡方向分层、逐层向上填筑，常用于地面纵坡大于 12% 的地段，用推土机从路堑取料、填筑距离较短的路堤。见图 2-2。

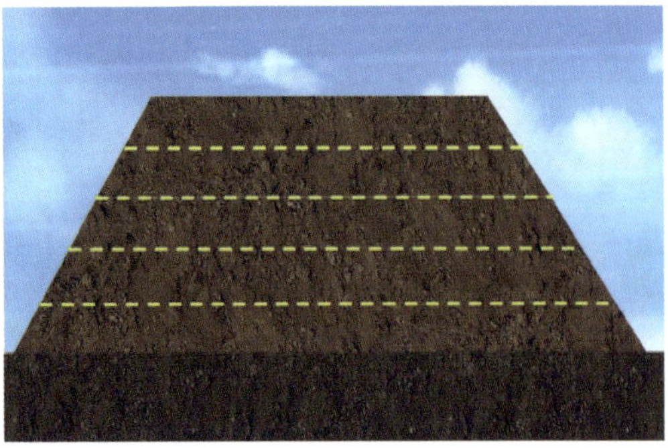

图 2-1　水平分层填筑法

图 2-2　纵向分层填筑法

（3）横向填筑法

从路基一端或两端按横断面全高逐步推进填筑。由于填土过厚，不易压实，仅用于无法自下而上填筑的滨海路基及深谷、陡坡、断崖、泥沼等机械无法采用水平分层填筑的路堤。见图2-3。

(4)混合填筑法

路堤下层用横向填筑而上层用水平分层填筑。适用于因地形限制或填筑堤身较高,不宜采用水平分层填筑或填筑法进行填筑的情况。见图2-4。

图2-3 横向填筑法

图2-4 混合填筑法

2. 石质路堤填筑

石质路堤填筑施工方法主要有:分层压实法、强力夯实法和冲击压实法。

(1)分层压实法

按照横断面全宽分为若干个水平层次,填筑一层,压实一层,逐层向上填筑。

(2)强力夯实法

用起重机械吊起8~30t的夯锤从6~30m高处自由落下,给石质填料和地基以强大的动力冲击,迫使岩石颗粒位移,提高填筑层密度和地基强度的方法。见图2-5。

(3)冲击压实法

用高振幅、低频率的冲击压实机所具有的三边形、四边形以及五边形"轮子"产生集中的冲击能力压实土石填料的方法。见图2-6。

图2-5 强力夯实法

图2-6 冲击压实法

3. 涵背、台背、墙背等特殊部位填筑方法

将填筑基面开挖成>2m的台阶,采用人工配合机械分层对称填筑的方法;回填材料采用透水性材料;结构物1m范围内,采用小型夯实机具夯实。

(二)路堑开挖方法

路堑开挖可分为土质路堑开挖和石质路堑开挖。

1. 土质路堑开挖

土质路堑开挖施工方法主要有横挖法、纵挖法和混合式开挖法。

(1)横挖法

从路堑的一端或两端在横断面全宽范围内沿路线纵向向前开挖,适用于短而浅的路堑。见图2-7。

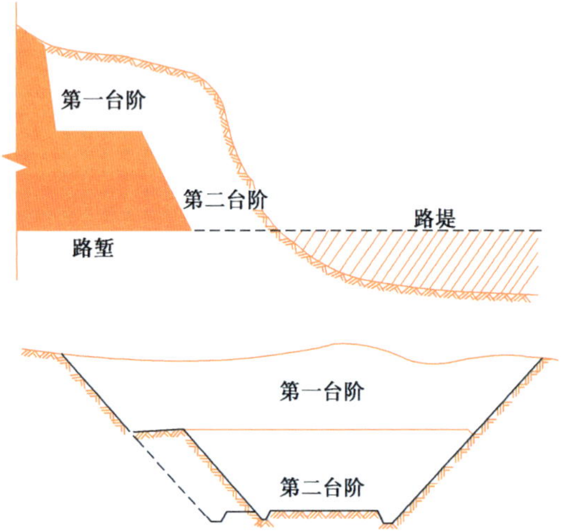

图2-7　横挖法示意图

(2)纵挖法

先在路堑纵向挖出通道,分段同时向横向掘进,又分为“分层纵挖法”和“通道纵挖法”;分别适用于路堑宽度和深度均不大的情况及路堑较长、较宽、较深而两端地面坡度较小的路堑。见图2-8。

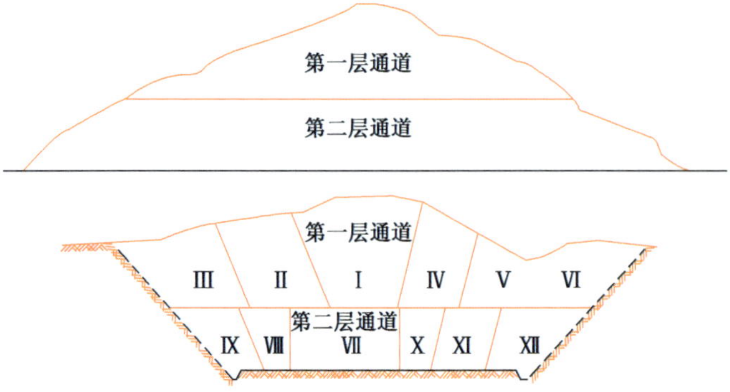

图2-8　纵挖法示意图

(3)混合式开挖法

将横挖法与纵挖法混合使用,即先顺路堑开挖通道,然后沿横向坡面挖掘,适用于路线纵向长度和深度都很大的路堑。见图 2-9。

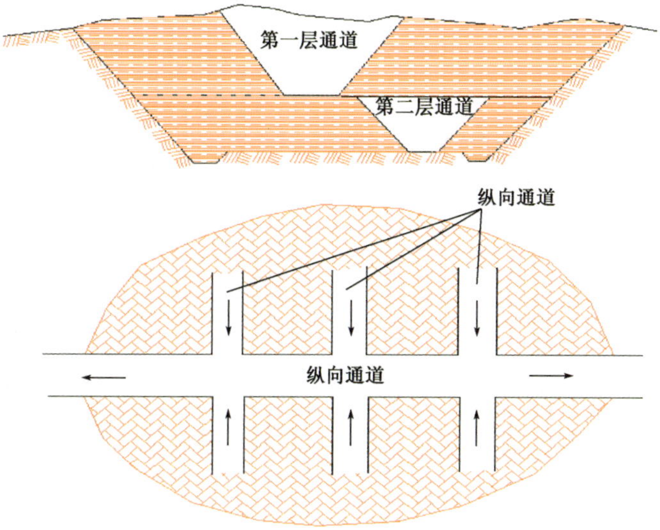

图 2-9　混合式开挖法示意图

2. 石质路堑开挖主要施工方法

石质路堑开挖施工方法主要有爆破法、破碎法和松土法。

(1)爆破法

利用炸药爆炸将岩石炸碎,再由机械挖运的方法。适用于岩质坚硬石质路堑。见图 2-10。

(2)破碎法

破碎法可分为机械破碎法和静态破碎法。

①机械破碎法

利用破岩设备凿碎岩块然后进行挖运。主要用于岩体裂缝较多,岩体体积小,抗压强度低于 100MPa 的岩石。见图 2-11。

图 2-10　爆破法

图 2-11　机械破碎法

②静态破碎法

先在岩石上钻孔,然后将孔内装入破碎剂,利于药剂自身产生的膨胀力,缓慢地作用于孔壁,从而使得岩石开裂的方法。适用于临近居民密集区、铁路、高速公路、大坝等对爆破震动及飞石要求严格的区域。见图 2-12。

(3)松土法

先用推土机牵引松土器将岩体翻松,再用推土机、装载机与自卸车配合,将翻松的岩块搬运至指定的地点。适用于有较大的岩体破裂面或风化程度较严重的岩体。见图 2-13。

图 2-12　静态破碎法

图 2-13　松土法

第二节　路基土石方施工工艺流程及要点

一、路堤填筑施工工艺流程

路堤填筑按照“三阶段、四区段、八流程”(图 2-14)的原则组织施工。施工工艺流程见图 2-15。

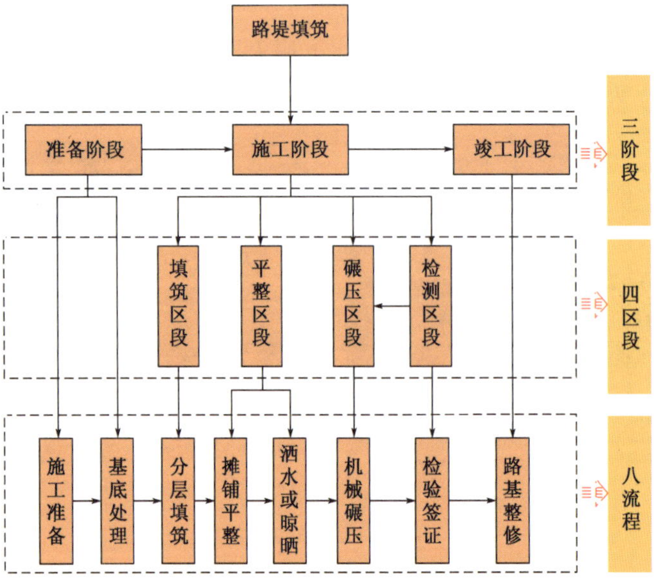

图 2-14　三阶段、四区段、八流程

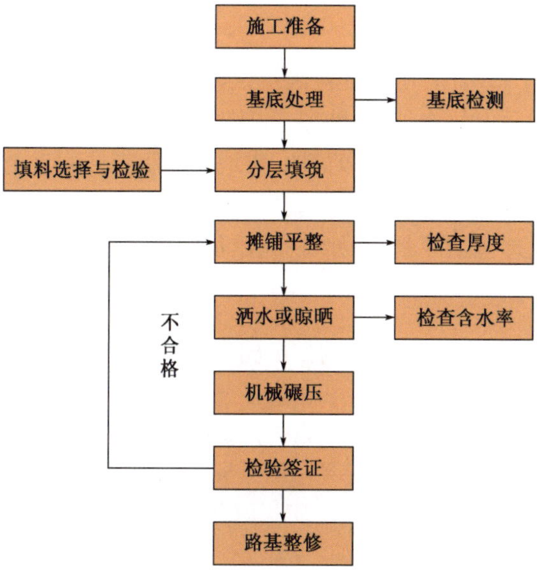

图 2-15 路堤填筑施工工艺流程图

1. 施工准备

(1)开工前,应全面熟悉设计文件,进行现场核对,核实工程量,按工期要求进行人员、设备和材料的组织。

(2)开工前,应会同设计单位进行交接桩工作,进行线路复测,并对整段线路进行精测,对曲线五大桩点放出护桩、路基边坡线,精确算出填挖土石方数量,制订土石方调配方案。

(3)高边坡等工程应进行施工安全风险评估,编制相应的总体、专项风险评估报告,并组织专家评审。施工单位还应对危险性较大的滑坡处理、填、挖方路基工程和爆破工程等编制专项施工方案,按照规模程度组织专家审查、论证。

(4)取土场的位置、边坡、深度应符合设计要求,并结合当地土地利用,环保规划进行布置,不得随意取土,且不得危及周边建(构)筑物等既有设施的安全。

(5)清除路基范围内的所有构筑物、植被和杂物,人工挖除地表种植土和腐殖土,地表土运至弃土场指定的地方作为复耕预留土,避免浪费。

(6)为保证路堤的稳定性,应选择透水性好的天然材料,强度、粒径满足设计及规范要求。见表 2-1。

路基填料最小强度和最大粒径要求 表 2-1

序号	填料应用部位(路床顶面以下深度)(m)		填料最小强度(CBR)(%)			填料最大粒径(mm)
			高速公路、一级公路	二级公路	四级公路	
1	填方路基	上路床(0~0.30)	8	6	5	100
2		下路床(0.30~0.80)	5	4	3	100
3		上路堤(0.80~1.50)	4	3	3	150
4		下路堤(>1.50)	3	2	2	150
5	零填及挖方路基	(0~0.30)	8	6	5	100
6		(0.30~0.80)	5	4	3	100

2. 基底处理

清理地表附着物并平整碾压，压实度应满足设计及规范要求，对影响范围内的障碍物应及时处理，不良地质可采用原土处理、置换处理、加固处理等方式。

其中，原土处理包括夯实、碾压等，如荒地、耕地等基底应清除表土不小于30cm；置换处理包括挖填土、填石等，如鱼塘、沼泽、软基等基底处理应先抽干水后进行翻晒，再进行砂垫层的铺筑加软基处理；加固处理包括灌浆、搅拌桩、化学加固等，如CFG桩法、水泥土搅拌法。

3. 分层填筑

路堤填筑前，设置长度不小于100m的试验路段，以确定压实机械选型、松铺厚度、碾压方法和碾压遍数。见表2-2。

试验段施工方法及要求　　表2-2

序号	项　目	要　求
1	材料选择	材料应优先选用透水性好的土石作材料，严禁使用含草皮、生活垃圾、树根、腐殖土等材料填筑路基；填料最大粒径 <15cm
2	松铺厚度	松铺厚度初拟30cm
3	机械选择	不低于18t的振动压路机
4	碾压方法	采用推土机粗平，平地机精平后，振动压路机第一遍静压，第二遍弱振，第三遍强振，直至达到压实度要求，再分别弱振、静压各一遍的顺序进行碾压
5	常规检验	每碾压一遍采用灌砂法或灌水法现场检测路基压实度

按路堤横向全断面宽度分成水平层，逐层向上填筑；每层按网格化布料要求，将填料沿纵向或横向分区域均匀布设。见图2-16。

为保证路基边缘压实度，边坡两侧应超宽填筑0.3～0.5m，填筑到每级边坡设计高程后刷坡整平。

4. 摊铺平整

采用推土机将填料粗略推平，再用平地机精细整平，达到层厚均匀、层面平整。见图2-17。

图2-16　网格化布料

图2-17　平地机整平

5. 洒水或晾晒

将填料的实际含水率与最佳含水率进行比较，高于最佳含水率时进行翻松晾晒，低于最佳含水率时洒水处理。见表 2-3、图 2-18、图 2-19。

实际含水率与最佳含水率之间的关系以及处理方式　　表 2-3

序　号	实际含水率与最佳含水率关系	处理方式
1	高于 2%	翻松晾晒
2	低于 2%	洒水处理

图 2-18　翻松晾晒

图 2-19　洒水处理

6. 机械碾压

当填料含水率符合要求后，应根据不同的压实机械重叠碾压，不留死角，振动压路机碾压时，纵向搭接长度不小于 2m，轮辙间压实重叠 1/4 ~ 1/3 轮迹；对于三轮压路机应重叠后轮的 1/2，上下两层填筑接头应错开不小于 3m；碾压时由低到高、先慢后快、纵向进退式碾压，确保边缘压实度。见图 2-20、图 2-21。

图 2-20　振动碾压

图 2-21　边缘碾压

7. 检验签证

每层碾压完成后，按规定的频次对压实度、宽度、平整度等进行检验，填筑至设计高程后进行弯沉检验。见表 2-4 ~ 表 2-7、图 2-22。

(1)路基填料厚度及粒径检测：由人工配合机械以 1km 为一个检测路段随机进行抽样检测。

(2)路基压实度检测：土质和石质路基的压实度检测方法分别采用灌砂法和灌水法进行检测。

土质路基施工质量标准 表 2-4

项次	检 验 项 目	规定值或允许偏差		检查方法和频率
		高速公路、一级公路	三、四级公路	
1	压实度(%)	符合规定	符合规定	施工记录
2	弯沉	不大于设计值	不大于设计值	—
3	纵断高程(mm)	+10，-15	+10，-20	每 200m 测 4 个断面
4	中线偏位(mm)	50	100	每 200m 测 4 点，弯道加 HY、YH 两点
5	宽度	不小于设计值	不小于设计值	每 200m 测 4 处
6	平整度(mm)	15	20	3m 直尺，每 200m 测 2 处×10 尺
7	横坡(%)	±0.3	±0.5	每 200m 测 4 个断面
8	边坡坡度	不陡于设计坡度	不陡于设计坡度	每 200m 抽查 4 处

石质路基施工质量标准 表 2-5

项次	检 验 项 目		规定值或允许偏差		检查方法和频率
			高速公路、一级公路	其他等级公路	
1	压实度(%)		符合试验路确定的施工工艺		施工记录
			沉降差≤试验路确定的沉降差		水准仪：每 40m 检测一个断面，每个断面检测 5～9 点
2	纵断高程(mm)		+10，-20	+10，-30	水准仪：每 200m 测 4 个断面
3	弯沉		不大于设计值	不大于设计值	—
4	中线偏位(mm)		50	100	经纬仪：每 200m 测 4 点，弯道加 HY、YH 两点
5	宽度		不小于设计值		米尺：每 200m 测 4 处
6	平整度(mm)		20	30	3m 直尺，每 200m 测 4 点×10 尺
7	横坡(%)		±0.3	±0.5	水准仪：每 200m 测 4 个断面
8	边坡	坡度	不陡于设计坡度		每 200m 抽查 4 处
		平顺度	符合设计要求		

土质路基压实标准 表 2-6

	填挖类型	路床顶面以下深度(m)	压实度(%)		
			高速公路、一级公路	二级公路	三、四级公路
填方路堤	上路床	0～0.30	≥96	≥95	≥94
	下路床	0.30～0.80	≥96	≥95	≥94
	上路堤	0.80～1.50	≥94	≥94	≥93
	下路堤	>1.50	≥93	≥92	≥90
零填及挖方路基		0～0.30	≥96	≥95	≥94
		0.30～0.80	≥96	≥95	—

填石路堤上、下路堤压实质量标准 表 2-7

分区	路床顶面以下深度(m)	硬质石料孔隙率(%)	中硬石料孔隙率(%)	软质石料孔隙率
上路堤	0.8～1.50	≤23	≤22	≤20
下路堤	>1.50	≤25	≤24	≤22

(3)路基弯沉检验:是由检测仪器配合后轴双侧4轮的载重车进行检验。见图2-22。

8. 路基整修

填筑到设计高程后应对路基表面、两侧边坡等,采用人工配合机械整修,做到肩棱明显、中线、高程、宽度、坡比、路拱坡面等符合设计要求。见图2-23。

图2-22 弯沉检测

图2-23 路堤整修

二、路堑开挖施工工艺流程

路堑开挖遵循"排水先行,逐级开挖,逐级防护"的原则组织施工,主要施工工艺流程见图2-24。

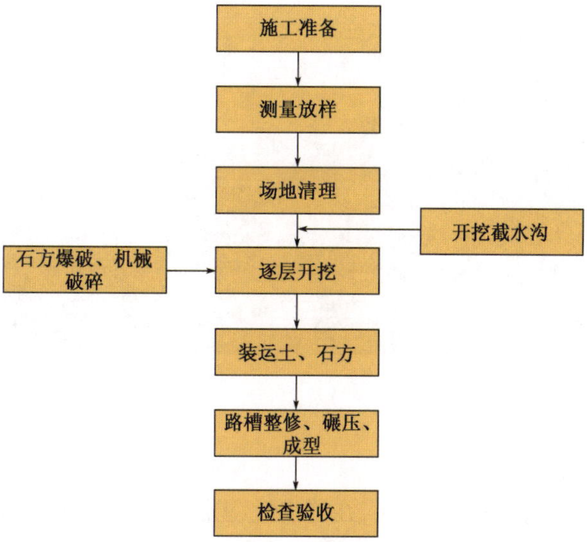

图2-24 路堑开挖工艺流程图

1. 施工准备

(1)弃土(渣)场应按照设计文件(包括截排水设施、挡渣墙、边坡防护、弃土要求、稳定计算书等)要求设置,新增或扩容弃土(渣)场时应按要求进行变更。见图2-25、图2-26。

图2-25　弃土(渣)场排水系统

图2-26　弃渣挡土墙

(2)弃土(渣)场宜设置在缓坡、山谷或荒沟中,其位置与高度应保证路堑边坡、山体和自身的稳定;弃土(渣)应相对集中堆放,不得影响附近建筑物、农田、水利、河道、管线以及交通、环境等;严禁在岩溶漏斗、暗河口、滑坡体上、泥石流沟上游弃土(渣);严禁贴近、挤压桥墩(台)或涵洞口,避免产生附加推力。

2. 逐层开挖

开挖前及时在坡顶外缘施做截水沟。路堑开挖应自上而下、分级逐层进行,采用仪器、坡度尺等方式控制开挖坡度,开挖一级防护一级。需爆破作业时,应严格控制装药量及抛掷方向。见图2-27。

图2-27　分级开挖

3. 装运土、石方

机械开挖主要采用挖掘机进行作业,在施工过程中,装载机配合装土,然后由自卸车运料至填方路段或弃土场。机械无法挖掘的土方,应配合人工随时进行挖掘,并用手推车将土运到机械可以挖掘的地点,以便及时挖掘。

4. 路槽整修、碾压与成型

(1)分段开挖的路堑贯通后，由低至高纵向整修路槽，做到中线、高程、宽度、边坡、路拱坡面符合设计要求。见图 2-28。

图 2-28　由低到高整修路槽

(2)开挖至路床部分后，应尽快进行路床施工，如不能及时进行，应在路床设计顶高程以上预留至少 300mm 厚的保护层。保护层的作用主要是雨季防止雨水浸泡路床，冬季防止路床冻融侵蚀。

5. 检查验收

检查验收同路堤填筑部分。

三、填挖结合部位施工工艺要点

(1)填挖结合部位施工应根据地形、地质等条件，采用相应的填方、挖方施工方法。

(2)当原地面纵坡大于 12% 或横坡陡于 1∶5 时，基底处理应从填方坡脚向上开挖台阶，台阶应向内倾斜，坡度大于 4%，台阶宽度不小于 2m，见图 2-29。

(3)石质山坡应清理原地面松散的风化层、孤石、石笋等，并按设计开凿台阶。

(4)填筑路基过程中应及时清理边坡以外的松土、弃土。

(5)路基填筑时从填挖结合段最低处分层填筑，分层压实，见图 2-30。

图 2-29　填方从坡脚向上开挖台阶

图 2-30　填挖结合段从最低处分层填筑

（6）为防止路基开裂、下沉等病害，严格按设计采用土工格栅加固或支挡等措施施工。见图2-31、图2-32。

图2-31　土工格栅加固

图2-32　路基支挡措施

第三节　路基土石方施工安全风险分析

一、一般安全风险

在路基土石方施工过程中，存在的一般安全风险主要有：物体打击、机械伤害、触电、高处坠落、火工品爆炸等。

二、特有安全风险

（1）边坡坍塌：路堑土石方开挖施工中，因刷坡坡度过陡、边坡支护不及时、掏底开挖、排水措施不到位等原因引起的边坡失稳坍塌。

（2）滑坡及泥石流灾害：不良地质条件地段受天气条件、施工影响等引起的滑坡及泥石流灾害。

（3）放炮伤害：石方爆破施工中，因爆破安全措施控制不到位，即爆破警戒范围过小，防护措施不到位，装药量过大，炮孔堵塞长度不足，岩体不均匀，抛掷方向控制不当引起的放炮伤害。

（4）车辆伤害：由于现场交通组织复杂，施工路况差及恶劣天气影响等引起的车辆伤害。

第四节　路基土石方施工安全控制要点

（1）路基土石方施工涉及的工种有爆破作业人员、机械设备操作人员、电工、试验工、测量工等，其中爆破作业人员、电工等特殊工种及场/厂内专用机动车驾驶员（挖装运机械操作人员）应持证上岗。

（2）施工前应对影响范围内的架空电线、建（构）筑物、地下管线等情况进行调查，施工过程中保持安全距离或采取有效的保护措施。见表2-8、表2-9。

施工现场的机动车道与架空线路交叉时的最小垂直距离　表 2-8

外电线路高压等级(kV)	<1	1~10	35
最小垂直距离(m)	6.0	7.0	7.0

起重机与架空线路边线的最小安全距离　表 2-9

方　向	电　压(kV)						
	<1	10	35	110	220	330	500
沿垂直方向	1.5	3.0	4.0	5.0	6.0	7.0	8.5
沿水平方向	1.5	2.0	3.5	4.0	6.0	7.0	8.5

(3)滑坡处理和填、挖方路基工程和爆破工程等危险性较大的工程,应编制专项施工方案,超过一定规模的需经专家论证。

(4)取土场和弃土场周边应设置排水系统,并保持畅通,取土作业应按要求进行放坡,严禁掏底开挖;弃土作业应先挡后弃,严禁乱堆乱弃。

(5)路基施工应保证排水畅通,及时施做排水系统,确保边坡稳定,开挖中如遇地下水涌出,应先排水后开挖。

(6)现场应配备充足的沙袋、方木、抽水机等应急物资设备。

(7)施工便道每 300m 设置一处错车道,在陡坡、急弯段设置防撞墩,平缓、顺直段设置警示柱,出入口处设置限速标志,转角视线不良地段设置广角镜,危险地段设置安全警示牌,并派专人定期进行养护。见图 2-33。

a)错车道　b)防撞墩　c)警示柱　d)限速标志

图 2-33

e)广角镜

f)安全警示牌

图 2-33　施工便道安全设施

(8)冬雨季施工时,应及时清除场地和道路上的积雪、积水,并采取有效的防滑设施。

(9)夜间施工现场应照明充足,作业现场的预留孔洞、沟槽等危险部位应设置警示灯,所有机械设备、机具及各防护装置均应粘贴反光条或反光标志;作业人员须穿戴反光衣、配备手电筒。

(10)现场使用的油料应集中管理、专用车辆统一配送,并由专人负责,配置消防器材,加油过程中机械设备应处于熄火状态。

(11)施工现场电气设备及电气线路的安装、维修和拆除应由专职人员进行操作。

(12)装载机、挖掘机、运输车辆等机械设备应定期检查保养,确保机械制动、车灯等性能良好。

(13)机械设备施工过程中,应设专人指挥,各机械之间应保持必要的安全距离。见表 2-10。

机械作业安全距离要求　　表 2-10

序号	机械名称	安全距离	备注
1	各类机械	前后不小于 8m	挖掘机、装载机、平地机等设备
2	各类机械	左右不小于 2m	挖掘机、装载机、平地机等设备
3	压路机	前后不小于 3m	
4	压路机	坡道上纵坡不小于 20m	

(14)机械操作人员不得擅自离开岗位,或将机械设备交给其他无资质人员操作。

(15)机械在边坡、边沟、凹坑卸料时,应有专人指挥,轮胎应与沟、坑边缘保持一定的安全距离,并设置挡木。

(16)土石方机械在行驶中,严禁搭载人员,坡道行驶时禁止利用空挡滑行,转弯时应减速行驶。

(17)自卸车必须按规定吨位装载,不得超载、超高。严禁车厢处于举升状态离场,翻斗内严禁载人。

(18)使用振动压路机碾压路基前,应对附近建、构筑物,管线可能造成的振动影响进行分析,必要时采取加固措施确保安全。

(19)人工辅助机械开挖时,作业人员之间、人员与机械之间应保持安全距离。见表 2-11。

开挖安全距离要求　　表 2-11

序号	安全距离要求
1	作业人员之间:横向间距不小于 2m
2	作业人员之间:纵向不小于 3m
3	人员与机械之间:应保持 5m 以上(挖掘机旋转半径范围内严禁站人)

(20)爆破物品应严格按照规定发放、领取、使用,运输使用专用车辆,严禁混装,爆破物品应及时退库,禁止私藏、私自销毁。

(21)装药、起爆、盲炮处理等应由专业爆破作业人员实施。

(22)爆破后,爆破员应在 15min 后进入爆破地点,检查有无危石、盲炮等,处理异常情况应设置警戒。

(23)土石方装运人员在确认爆破警戒解除,作业面上的危石处理完毕后,方可进入现场进行装运作业。

(24)开挖过程中,应对边坡稳定情况实施监测,发现异常及时报告处理。

(25)在边坡施工过程中,应设专人观察,严禁在松动危石下方作业,严禁上下重叠作业,防止落物伤人。

(26)路堑坡顶开挖线外一定宽度范围,应根据设计要求采取封闭措施,防止地表水下渗造成边坡失稳。

(27)高陡边坡装运过程中,开挖作业与装运作业应错开施工,严禁上下交叉作业。

(28)作业结束后,应将机械设备停到坚实、平坦、安全的地带。

第三章 PART 3

特殊路基施工

第一节　特殊路基概述

一、特殊路基定义

特殊路基是指修建在不良地质区域、特殊地形及某些特殊气候因素等不利条件下,需要针对性进行专项设计处理的道路路基。

二、特殊路基分类及常用处理方式

特殊路基根据所处的地质条件、气候及地理位置等因素进行分类。见表3-1。

特殊路基分类及常用处理方式　　表3-1

序号	类别	名　称	常用的处理方式
1	受土质影响	湿黏土路基、软土地区路基、红黏土地区路基、膨胀土地区路基、黄土地区路基、盐渍土地区路基	换填法、排水固结法、CFG桩法、水泥土搅拌法、改良土法、挤密法、真空预压、粒料桩、爆炸挤淤、强夯置换法、预浸水处理、加筋法、化学固化法、隔离法、化学处理盐渍土法、水坠碾压法
2	受气候影响	风积沙及沙漠地区路基、季节性冻土地区路基、多年冻土地区路基、涎流冰地区路基、雪害地区路基	换填法、土工布覆盖法、保温法和排水隔水法、绕避法、提高路基法;导视桩施工方法
3	受地质灾害影响	滑坡地段路基、坍塌与岩堆地段路基、泥石流地区路基	滑坡地段路基:主要措施有排水、力学平衡和改变滑带土三类。排水措施主要分坡顶截水、坡面排水、排除地下水等,力学平衡措施主要有抗滑挡土墙、抗滑桩、锚固工程等,改变滑带措施主要有焙烧法、电渗法、爆破灌浆法。 泥石流地区路基:工程加固、拦挡及排导等方法
4	受地下构造影响	岩溶地区路基、采空区路基	绕避、填塞、灌浆、跨越、疏导等方法
5	受地理位置影响	沿河(沿溪)地区路基、水库地区路基、滨海地区路基	换填法、抛石挤淤法、砂砾隔离层、育沟渗透法、土工格栅法

常见的特殊路基类型有:软土地区路基(图3-1)、滑坡地段路基(图3-2)、岩溶地区路基(图3-3),以及沿河、沿湖及滨海地区路基(图3-4)等。

三、常见特殊路基施工方法

公路工程中,常见的特殊路基主要有软土地区路基、滑坡地段路基、岩溶地区路基、沿河沿湖及滨海地区路基等,常用的施工方法见表3-2。

图 3-1 软土地区路基

图 3-2 滑坡地段路基

图 3-3 岩溶地区路基

图 3-4 沿河、沿湖及滨海地区路基

常见特殊路基施工方法 表 3-2

序号	常见特殊路基类型	处理方法	方法描述	适用范围	特点
1	软土路基	换填法	换填法是挖除地表浅层软弱土层，回填透水性好的合格填料，并碾压或夯压密实的地基处理方法	适用于表层软土厚度小于3m的浅层软弱地基处理及不均匀地基的处理	具有承载力高、刚度大、变形小等特点
2		竖向排水体	利用竖向排水沙井、排水板等结合水平排水垫层将地下水竖通过毛细作用排至水平排水垫层，再水平排除路基范围的方法	适用于深度大于3m的软土地基处理，宜与加载预压或真空预压方案联合使用	质量易控制，对基底扰动小，对地基承载力要求低，成本较低
3		CFG 桩法	CFG 桩法是水泥粉煤灰碎石桩的简称，是由碎石、石屑、粉煤灰组成混合料，掺适量水进行拌和，采用各种成桩机械形成的桩体	适用于处理黏性土、粉土、沙土和桩端具有相对硬土层、承载力标准值不低于70kPa的淤泥质土、非欠固结人工填土等地基	地基承载力高、变形小、稳定快施工简单易行、工程造价低
4		水泥土搅拌法	利用水泥作为固化剂，通过特制的搅拌机械，在地基深处就地将软土和固化剂强制搅拌，使软土硬结成具有整体性、水稳定性和一定强度的地基，与天然地基形成复合地基，从而提高地基承载力，增大变形模量	适用于处理正常固结的淤泥与淤泥质土、粉土、饱和黄土、素填土、黏性土及无流动地下水的饱和松散砂土等地基	水泥土搅拌法具有最大限度地利用原土、搅拌时无振动、无噪声、无污染、对周围原有建筑物及地下沟管影响小、设计灵活，可按不同地基土的性质及要求，合理选择固化剂及配方等特点

续上表

序号	常见特殊路基类型	处理方法	方法描述	适用范围	特点
5	滑坡地段路基	抗滑挡土墙	在滑坡舌部或中前部修建各种形式的支挡构造物恢复或增强下部支撑力拒挡滑坡体的滑动	适用于以挖去山坡坡脚失去支撑而引起滑动为主要原因的牵引式滑坡。特别是当滑动面较陡、含水率较少、整体性较强和滑动较急剧的滑坡	对山体破坏少、稳定滑坡收效快的特点
6		抗滑桩	是穿过滑坡体深入于滑床的桩柱,用以支挡滑体的滑动力,起稳定边坡的作用	适用于浅层和中厚层的滑坡	抗滑能力强、桩位灵活、施工方便、经济安全等特点
7		锚杆加固	是指通过锚杆把岩体稳定结合,并利用锚杆与岩体密贴所产生的摩阻力来阻止岩块向下滑移的拦挡措施	适用于各种地层	结构简单,适应性强、抗震性能较好、费用低等特点
8	岩溶地区路基处理	填塞	对路基面上小而干的溶洞采用片石或碎石填实,上部采用浆砌片石	对于稳定路堑边坡上的干溶洞,洞内宜采用干砌片石填塞	—
9		灌浆	对洞较深的松散堆积块石、碎石,采取压浆的方式,将其胶结	—	—
10		跨越	对路基下伏溶洞,暗河等施工条件不好,不易填塞、无法拦截时,采用钢筋混凝土盖板、桥涵、泄水洞等建筑物通过	(1)当洞的体积较大或深度较深时,宜采用构造物跨越; (2)流量较大的暗河,冒水洞或消水洞,采用桥跨通过; (3)当溶洞较大较深难以填充时,可根据实际情况采用跨越方式处理	—
11		疏导	对路堑边坡上的岩溶水,可视流量大小作边坡渗沟或吊沟进行疏导引排	(1)路基上方的岩溶泉和冒水洞,宜采用排水沟将水截流至路基外; (2)对岩溶水以疏导为主,采用明沟、涵洞(管)及泄水洞等构造物进行疏导	—
12	沿河、沿湖及滨海地区路基	直接防护	为防止水流、洪潮、潮汐等对路基边坡的冲刷,采用防护材料直接对路基坡面进行防护以减小冲刷的防护措施	适用于洪水急流,水位变迁不定,水流速度较大(达到3.0m/s 或更高)时,植树与石砌防护失效的路段	—
13		间接防护	为防止水流、洪潮、潮汐等对路基边坡的冲刷,采用导流构造减小冲刷的防护措施	适用于水流速度较小(小于3.0m/s),河道弯道较急的河道地段	—

1. 软土地区路基

修建在以饱水软弱黏土沉积为主的地区的路基。此种地质具有天然含水率高、天然孔隙比大、抗剪强度低、压缩性高等特点，包括淤泥、淤泥质土、泥炭、泥炭质土等。主要处理方法有换填法、竖向排水体、CFG 桩法、水泥搅拌桩，以及改良土法、挤密法、真空预压、强夯置换法、加筋土法、管桩法等。见图 3-5 ~ 图 3-14。

图 3-5　换填法

图 3-6　竖向排水体

图 3-7　CFG 桩法

图 3-8　水泥搅拌桩

图 3-9　改良土法

图 3-10　挤密法

图 3-11　真空预压

图 3-12　强夯置换法

图 3-13　加筋土法

图 3-14　管桩法

2. 滑坡地段路基

滑坡是指山体沿着一定的软弱面(带)作整体、缓慢、间歇性的滑动现象,修建在该地段的路基称为滑坡地段路基。此种地层具有土体软弱,易吸水不易排水,呈软塑状,力学指标低等特点。主要处理措施有抗滑挡土墙、抗滑桩和锚杆加固等。见图 3-15 ~ 图 3-17。

图 3-15　抗滑桩

图 3-16　桩板墙

3. 岩溶地区地基

岩溶是石灰岩等可溶性岩层,在流水的长期溶解和剥蚀作用下,产生的特殊地貌形态和水文地质现象。可溶岩基本可分三类:碳酸盐类岩石(石灰岩、白云岩等)、硫酸盐类岩石(石膏、芒硝等)和卤盐类岩石(石盐、钾盐等)。修建在该地段的路基称为岩溶地区路基。主要处理措施有填塞、跨越等方法。见图 3-18。

图 3-17　锚索加固

图 3-18　岩溶地区地基填塞、跨越处理措施

4. 沿河、沿湖及滨海地区路基

指修建于沿河流、湖泊及滨海地段的路基。主要处理措施有直接防护和间接防护措施,如抛石、石笼、丁坝、顺坝等。见图 3-19 ~ 图 3-22。

图 3-19　抛石

图 3-20　石笼

图 3-21 丁坝

图 3-22 顺坝

第二节 软土地区路基处理施工工艺流程与要点

一、换填法

换填法施工工艺流程见图 3-23。

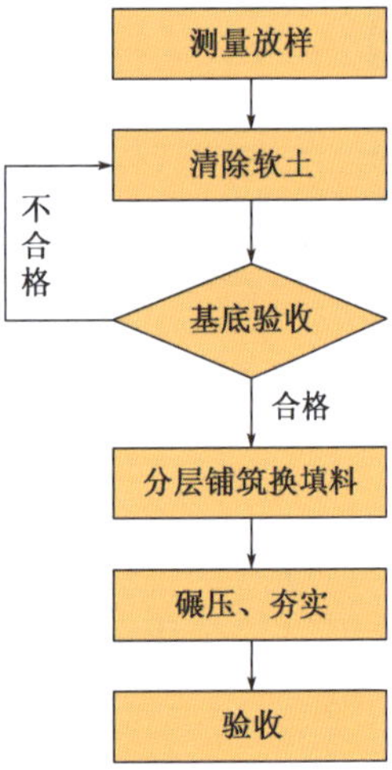

图 3-23 换填法施工工艺流程

1. 清除软土

将处理范围内的软弱土层部分或全部挖除，并及时回填，回填时应防止下卧层受践踏、冰冻、浸泡或暴晒过久，防止扰动下卧层，当原地面起伏较大时应开挖台阶，台阶宽度宜为 0.5 ~ 1m。见图 3-24。

2. 分层铺筑换填料

施工前应根据不同的换填材料填筑试验段，以确定碾压机械型号、碾压工艺和松铺厚度；换填材料主要有石垫层、素土垫层、灰土垫层、粉煤灰垫层和矿渣垫层等。

处理范围较大时应先深后浅、分层分段施工，换填层底面应铺设在同一高程上，上下两层的错缝应不小于 0.5m ，接缝处应夯压密实，分层虚铺厚度不宜大于 0.3m。

采用抛石挤淤换填时，应从高向低、从内到外抛填。见图 3-25。

图 3-24 清除淤泥

图 3-25 抛石挤淤

3. 碾压、夯实

换填层碾压时应首先用振动碾压，往复碾压，一般碾压不少于4遍，其轮距搭接不小于50cm；边缘和转角处应用小型夯机补夯密实；抛石挤淤高出水面碾压紧密后，应设置反滤层并压实，再填土压实。

4. 验收

换填完成后应找平顶面，根据设计要求检测压实度，承载力等，合格后方可进行路基土石方填筑。

二、塑料排水板

塑料排水板施工工艺流程见图3-26。

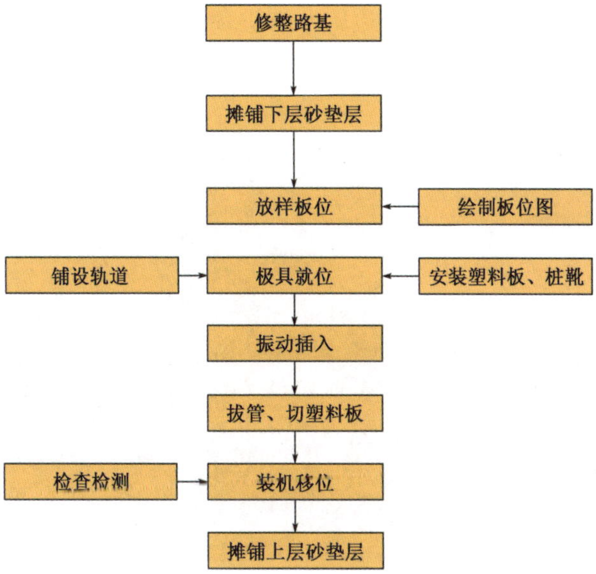

图3-26　塑料排水板施工工艺流程

1. 摊铺下层砂垫层

摊铺前清理平整场地，测量地面高程，测量地面高程先用全站仪放出路基两侧纵向控制桩，再根据试验确定的夯点间距用钢尺放出每个点位，并用石灰做出明显标记，测量地面夯前高程。开挖纵、横向排水沟，排除积水，铺设工作垫层，可采用砂性土，并碾压密实，满足机械作业稳定性，然后填筑1/2设计厚度的砂垫层（砂料宜采用渗透率高的风干中粗砂，含泥量应不大于3），并放样排水板位置做好标记。见图3-27。

2. 机具就位固定排水板板头

将插板机移入场内就位，套管内穿入排水板，将排水板从插杆端头引出、折回，夹上短钢筋固定，穿过桩靴固定，穿过桩靴上的固定架之后将板体对折不小于0.1m，连同桩靴一起塞入套管，对准标记板位。见图3-28。

图 3-27　摊铺下层砂垫层

图 3-28　机具就位固定排水板板头

3. 插拔套管

拉紧排水板,将套管插入杆边振动、边压入地基,到达设计深度后将插入杆拔出。塑料排水板在插入地基的过程中应保证板不扭曲,透水膜无破损和不被污染。排水板顶端伸入砂垫层的长度不应小于 0.5m。见图 3-29。

图 3-29　插拔套管

4. 检测

塑料排水板施工过程中应对板间距、长度、竖直度等进行检测。图 3-15、表 3-3。

塑料排水板施工质量标准　　表 3-3

项次	检 查 项 目	规定值或允许偏差	检查方法和频率
1	板距(mm)	±150	抽查 3%
2	板长	不小于设计值	抽查 3%
3	竖直度(%)	1.5	查施工记录

5. 摊铺上层砂垫层

整段塑料排水板结束后,均匀等厚铺设第二层砂垫层至设计高程,覆盖塑料排水板,压路机静压,达到设计要求压实度后方可进行路基填筑。

三、CFG 桩法

CFG 桩法施工工艺流程见图 3-30。

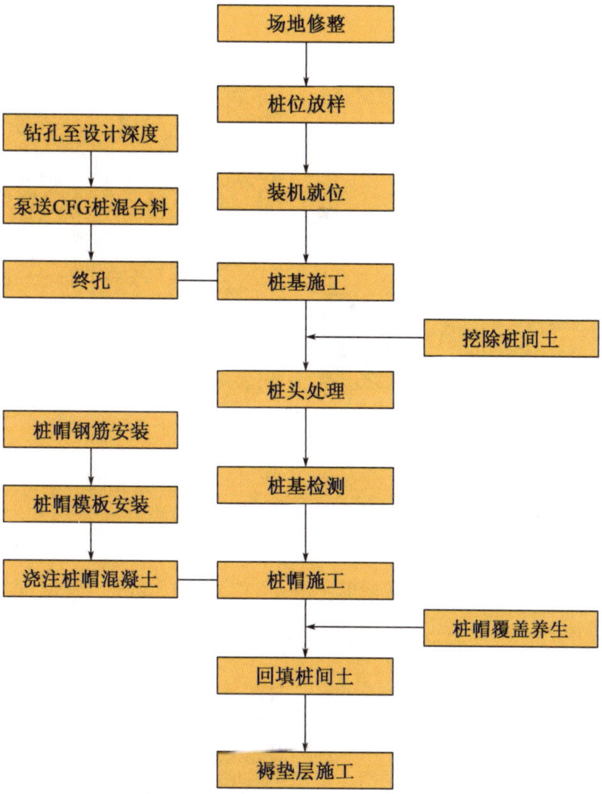

图 3-30　CFG 桩法施工工艺流程

1. 桩机就位

CFG 桩一般采用长螺旋钻机、沉管钻机等。桩机就位前基底应开挖成横向路拱,并设置两侧临时排水沟,确保在 CFG 桩施工过程中及施工完成后水经过褥垫层过滤后通过 CFG 桩顶面排至路基两侧排水沟内,保证排水通畅不积水。场地平整完毕后放样出设计桩位,桩机就位应平整、稳固,调整钻杆垂直并对准桩位中心,直度偏差不大于 1%,在桩机塔身上标记钻孔刻度。见图 3-31。

2. 桩基施工

钻进过程应先慢后快,当钻头钻至设计桩底高程时,应确认钻孔深度及地质情况,如遇卡钻、钻杆剧烈抖动、钻机偏斜等异常情况,应立即停钻,查明原因,出现地质与设计不符时,应及时联系设计人员确定桩长。

施工配合比应通过成桩试验确定,长螺旋钻孔管内泵压混合料成桩施工的坍落度为180 ~

200mm,沉管灌注成桩施工的坍落度设计无规定宜为 60 ~ 80mm,成桩后桩顶浮浆厚度不宜超过 200mm。

钻孔深度确认后应尽快投料,严格控制提钻(拔管)速度,沉管宜在设计高程留振 10s 左右,拔管速度宜为 1.2 ~ 1.5m/min,如遇淤泥层,拔管速度宜适当放慢;泵送(拔管)应连续,边振动边提钻(拔管),桩顶超灌不小于 0.5m 高度后,先停机再停止泵送混凝土,以保证桩顶混凝土密实。见图 3-32。

图 3-31　桩机就位

图 3-32　泵送 CFG 混合料

当设计桩距较小时,宜按隔桩跳打的顺序施工。相邻桩基间隔时间不应少于 7d。

3. 桩头处理

桩身达到设计强度后,采用小型挖掘机配合人工进行桩间土开挖、清理见图 3-33。严禁机械碰撞桩头,以免造成断桩,桩周土采用人工清理干净。见图 3-34。

图 3-33　桩间土开挖

图 3-34　桩头处理

测量标记确定每根桩的桩顶高程,采用环切工艺对桩头进行切除,切入深度一般不小于 15cm,以尽量减小对桩头的扰动形成浅层断桩的情况,切完后插入 3 根钢钎,用锤击打将桩头截断,再用钢钎铁锤将桩头从四周向中间修平。

4. 桩基检测

采用低应变动力试验检测(检测频率 100%)桩身长度及完整情况,异常情况需钻孔取芯验证。采用单桩竖向抗压静载荷试验检测单桩极限承载力。见表 3-4 及图 3-35、图 3-36。

水泥粉煤灰碎石桩施工质量标准　　表 3-4

项次	检查项目	规定值或允许偏差	检查方法和频率
1	桩距(mm)	±100	抽查桩数 3%
2	桩径	不小于设计值	抽查桩数 3%
3	桩长	不小于设计值	查施工记录
4	竖直度(%)	1	抽查桩数 3%
5	桩体强度	不小于设计值	取芯法，总桩数的 5%
6	单桩和复合地基承载力	不小于设计值	成桩数的 0.2%，并不少于 3 根

图 3-35　低应变检测

图 3-36　承载力检测

5. 桩帽施工

桩帽采用组合钢模板施工，控制好桩头高程，保证桩头深入桩帽深度不小于 5cm；桩帽钢筋应在钢筋加工场加工成形，运至现场进行安装，混凝土浇筑完成后及时覆盖养护，养护时间不少于 7d。见图 3-37。

6. 桩间回填

桩帽施工完成后，采用水稳定性好的填料进行分层回填，分层厚度应在 10～20cm，一般不少于两层，采用小型夯机夯实。见图 3-38。

图 3-37　桩帽施工

图 3-38　桩间土回填

7. 褥垫层施工

褥垫层应分层填筑，分层厚度150～300mm，采用级配良好的组合褥垫层，静力压实，在褥垫层中间铺设土工格栅并固定牢固。见图3-39。

a)

b)

图3-39　铺设褥垫层

四、水泥搅拌桩

水泥搅拌桩施工工艺流程见图3-40。

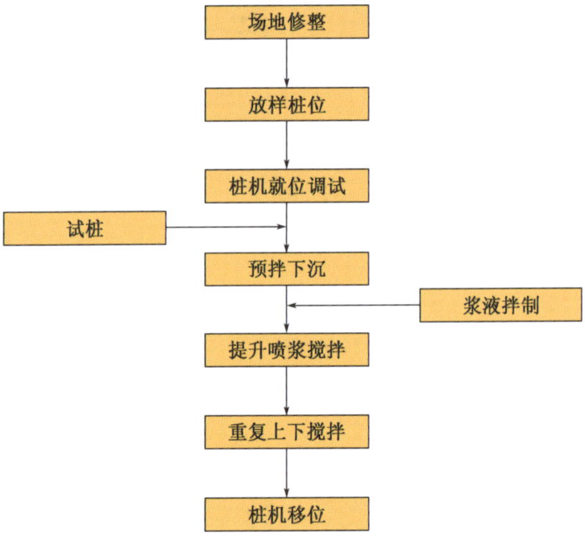

图3-40　水泥搅拌桩施工工艺流程

1. 施工准备

平整场地，测量放样桩位并做好标记，进场的机具设备进行组装、调试和就位，合理布设水泥存放及制浆场地，水泥棚的底部用土填高，使之比周围地面高出30～50cm，并铺设一层木板和塑料薄膜。

2. 试桩

每台桩机施工前应按规定进行工艺试桩，确定钻进速度、喷粉/浆提升、速度提升时的管道压力、复搅下沉速度等，经检验满足抗压强度要求。成桩试验的桩数不应少于 5 根，试桩 5 ~ 7d 后随机选择桩位进行取芯验证。见图 3-41、图 3-42。

图 3-41　浆喷桩

图 3-42　粉喷桩

3. 成桩

钻机定位后，搅拌轴垂直，调平底盘，保证桩机主轴倾斜度不大于 1%，钻头正对桩位中心，按设计配合比或 0.45 ~ 0.55 水灰比，拌制水泥浆（浆喷桩）或水泥倒入集料斗（粉喷桩）。启动钻机正循环钻进至设计深度，钻进速度宜控制在 0.8 ~ 1.5m/min，在反循环提钻时应提前启动喷浆泵或喷粉机，一般提前 30s 至 1min，边喷浆（粉），边搅拌，边慢速提升，喷粉（浆）压力一般控制在 0.2 ~ 0.6MPa，提升速度宜为 0.5 ~ 0.8m/min，当钻头提升至距离地面 0.5m 时，可停止喷浆（粉），以同样的工序进行复搅并复喷，做到二喷四搅。钻头提升至桩顶时，及时关泵停机，移至下一桩位。见图 3-43 ~ 图 3-46。

图 3-43　一搅

图 3-44　一喷二搅

图 3-45　一喷三搅

图 3-46　二喷四搅

4. 检测

水泥土搅拌桩施工完成后，应按规定频次对桩体强度、地基承载力、桩位偏差、垂直度等进行检测，合格后方可进行路基填筑。见表 3-5。

水泥土搅拌桩地基质量检验标准　　表 3-5

项目	序号	检查项目	允许偏差或允许值		检查方法
			单位	数值	
主控项目	1	水泥及外掺剂质量	设计要求		查产品合格证书或抽样检验
	2	水泥用量	参数指标		查看流量计
	3	桩体强度	设计要求		钻芯取样检测
	4	地基承载力	设计要求		轻便能探法检验
一般项目	1	桩头提升速度	m/min	≤0.5	量水头上升距离及时间
	2	桩底高程	mm	±200	测机头深度
	3	桩顶高程	mm	+100，-50	水准仪(最上部 500mm 不计入)
	4	桩位偏差	mm	<50	用钢尺量
	5	桩径	mm	<0.04D	用钢尺量，D 为桩径
	6	垂直度	%	≤1.5	经纬仪
	7	搭接	mm	>200	用钢尺量

第三节　特殊路基施工安全风险分析

特殊路基施工存在的一般安全风险有机械伤害、车辆伤害、高处坠落、物体打击、起重伤害、触电等，另外还存在基坑坍塌、边坡坍塌、自然灾害等特有安全风险。

(1)基坑坍塌：换填施工中因基坑边缘堆载、放坡过陡及支护、降排水不到位引起的基坑坍塌。

(2)边坡坍塌：路基边坡防护不及时、排水措施不到位等原因引起的边坡失稳坍塌。

(3)自然灾害：在不良地质条件地段施工时，受天气条件、施工环境等引起的滑坡、泥石流、崩塌等自然灾害。

第四节　特殊路基施工安全控制要点

(1)特殊路基施工涉及的工种有电工、电焊工、起重工、钢筋工、模板工、设备操作工等，其中电工、电焊工起重工等特种作业人员必须持证上岗。

(2)特殊路基施工前应先做好截排水设施，如遇雨季施工，应及时抽排积水，防止长时间浸泡路基。

(3)强夯前应对起重机、滑轮组及起重机等全面检查，并进行试吊、试夯，一切正常后方可强夯。

(4)起重吊装时设专人指挥，禁止无关人员进入警戒区域。

(5)起吊夯锤保持匀速，不得高空长时间停留，严禁急升猛降，防止夯锤脱落。停止作业时，将夯锤落至地面。起吊后，臂杆和夯锤下及附近 30m 范围内严禁站人。见图 3-47。

图 3-47 臂杆、夯锤下 30m 范围内严禁站人

（6）强夯施工应远离建筑物至少 50m 以上，减少对临近建筑的振动影响，同时应根据施工情况，采取隔振、防振措施。

（7）钻机就位应平稳坚实，支脚与履靴应同时接地，立柱斜撑下严禁站人。见图 3-48。

a)　　　　b)

图 3-48 支脚与履靴应同时接地

（8）搅拌桩、旋喷桩等钻机、钻头提升至桩顶时，及时关闭压浆泵，防止高压浆液喷出伤人。

（9）采用小型夯机时应有两人操作，严禁强行推进、后拉、按压手柄、强行猛拐弯或撒把不扶。

（10）木材、排水板、土工织物等易燃材料应按照物资管理规定进行使用、分类堆放，施工过程中严禁使用烟火，现场配备足够的消防器材。

（11）滑坡地段施工时应由专人负责监测滑坡体的稳定情况。

（12）滑坡影响范围内应设安全警示标志，根据现场情况设置围挡等防护措施，不得在滑坡影响范围内布设临时生产、生活设施，停放机械、机具。

（13）在岩溶、采空区地段施工时，洞穴内有害气体未排除前人员不得进入，不稳定的洞穴应采取临时支撑等安全措施。

（14）大风、雷雨、冰雪等恶劣天气时，应停止露天作业。

第四章
PART 4

边坡防护与支挡工程施工

第一节　边坡防护与支挡工程施工概述

一、边坡防护与支挡工程定义

路基防护与支挡是为保证路基边坡的稳定,防治路基病害并与周边环境相协调,所采取的防护措施与支挡结构。

二、路基防护与支挡类型

路基防护分为坡面防护、支挡防护和冲刷防护。见表4-1。

路基防护与支挡主要类型　　表4-1

序号	名称	分　类	主要形式
1	坡面防护	植物防护	种草、植树、铺草皮
		骨架植物防护	浆砌片石骨架、现浇混凝土骨架、混凝土预制块
		圬工防护	干砌片石护坡、浆砌片石护坡(护面墙)、锚杆钢丝网喷浆
		柔性防护	主动防护网、被动防护网
2	支挡防护	挡土墙	重力式、悬臂式、扶壁式、加筋土、锚杆挡土墙
		锚固防护	预应力锚索(杆)、非预应力锚杆(系统锚杆)
		抗滑桩	抗滑桩、锚索抗滑桩、桩板墙
3	冲刷防护	直接防护	抛石、石笼、浆砌片石、浸水挡土墙等
		间接防护	导流坝、导流渠等

坡面防护类型主要有植物防护、骨架植物防护、圬工防护、柔性防护等。见图4-1。

支挡防护类型主要有挡土墙、锚固防护、抗滑桩等。见图4-2。

冲刷防护主要有石笼、浆砌片石、浸水挡土墙、导流构造物等。见图4-3。

在公路工程中,常见的防护与支挡措施主要有骨架植物防护、预应力锚索框架梁防护、柔性防护、重力式挡土墙和桩板墙等。

a)植物防护

b)骨架植物防护

图　4-1

c)圬工防护

d)柔性防护

图 4-1　坡面防护类型

a)挡土墙

b)锚固防护

c)抗滑桩

图 4-2　支挡防护类型

a)石笼

b)浸水挡土墙

c)导流构造物

图 4-3　冲刷防护类型

第二节　边坡防护与支挡施工工艺流程及要点

一、骨架植物防护

骨架植物防护施工工艺流程见图 4-4。

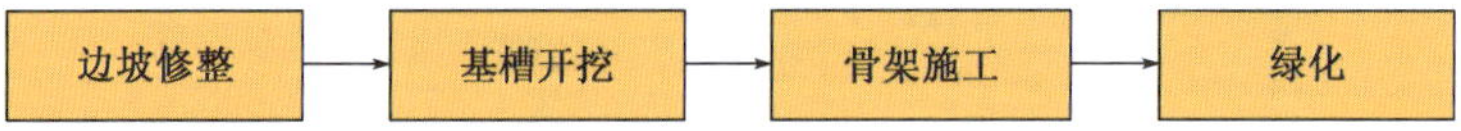

图 4-4　骨架植物防护施工工艺流程图

1. 边坡修整

采用人工配合机械，自上而下清除坡面浮土、松动石块。

2. 基槽开挖

按设计要求采用人工开挖，保证骨架埋深，基槽宽度应满足骨架施工和人员操作要求。坡面较陡、表面湿滑时应搭设操作平台。见图 4-5。

3. 骨架施工

骨架一般有现浇混凝土、浆砌两种。

a) b)

图 4-5 坡面骨架防护刻槽

(1)现浇混凝土骨架:模板支撑应牢固,线性顺直;混凝土在拌和站集中拌和,采用人工配合卷扬机或溜槽进行浇筑,插入式振捣器振捣,确保浇筑连续。拆模后及时覆盖、洒水养护。见图 4-6、图 4-7。

图 4-6 现浇骨架安装模板

图 4-7 现浇混凝土骨架

(2)浆砌骨架:一般有预制块或片石等。预制块采用集中统一预制,达到设计强度后方可砌筑,片石块径大于 15cm、单轴饱和抗压强度不小于 30MPa。片石、预制块等材料应提前沿坡面纵向存放于边坡平台,人工利用绳索将材料缓慢溜放至砌筑位置,采用坐浆法自下而上逐层砌筑,砂浆应饱满密实,接缝交错不小于 8cm,坡面平整,勾缝严密,养护及时。见图 4-8。

a) b)

图 4-8 浆砌骨架

4. 绿化

根据不同坡面地质情况及设计要求采用人工撒播植草、客土喷播植草灌等绿化方式，及时覆盖养护，绿化覆盖率达到90%以上。见图4-9。

a)　　　　b)

图4-9　骨架植物防护

二、预应力锚索框架梁

预应力锚索框架梁施工工艺流程见图4-10。

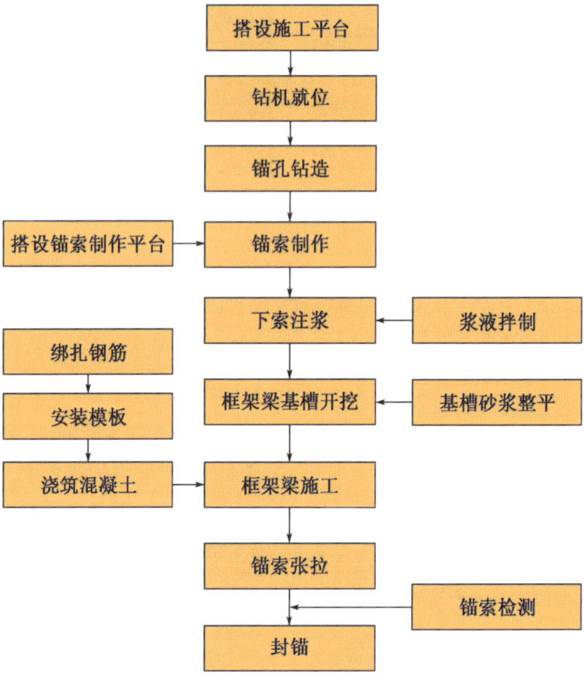

图4-10　预应力锚索框架梁施工工艺流程

1. 搭设操作平台

根据潜孔钻机的重量，调整纵向扫地杆间距一般1～1.5m，纵向扫地杆底端采用横向扫地杆连接;根据孔位标准,搭设水平向操作平台并铺设木板,平台一般低于锚孔孔位0.2~0.5m。见图4-11。

a)　　b)

图4-11　搭设操作平台

2. 钻机就位

锚孔钻造一般采用轻型潜孔钻机,钢管脚手架搭设操作平台,钻机固定后按设计调整倾角。见图4-12。

图4-12　钻机就位

3. 锚孔钻造

锚孔采用干钻法进行钻造,以防孔内积水造成塌孔、缩孔和卡钻、埋钻等情况,孔深大于设计50cm,成孔困难地层可采用跟管钻进。见图4-13。

4. 锚索(杆)制作安装

锚索(杆)加工制作应在临时棚架进行,下料应采用机械切割,严禁采用电弧切割,锚索(杆)按设计制作,并分单元编号,承载体挤压头经试验检测合格后才能批量制作,单根的连接强度不小于200kN,限位环按设计均匀设置,对于岩层破碎地下水丰富的底层应安装2根注浆管。成孔后应组织及时下索,以防孔壁坍塌,下索后保证孔口锚索外留段长度不少于1~1.5m的工作长度。见图4-14。

a)　　b)

图 4-13　锚孔钻造

a)　　b)

图 4-14　锚索制作

5. 锚孔注浆

下索后因根据锚孔内地质条件及时安排注浆时间，注浆间隔时间不超过 24h，注浆压力一般控制在 0.2MPa 以上，注浆后根据孔口浆液下降情况及时进行补浆。

6. 框架梁基槽开挖

锚索注浆完成后进行框架梁刻槽，刻槽后基面应平整，并采用砂浆进行找平。

7. 框架梁施工

钢筋采用现场绑扎，钢筋笼底、侧面设置保护层砂浆垫块；定位和加固纵横梁模板，竖梁安装三面模板，横梁一般安装两面模板；竖梁模板一般每隔 1m 设置预留窗口进行振捣，每个预留窗口振捣完成后应及时封闭，自下而上依次浇筑振捣，直到顶梁浇筑完成；拆模后及时覆盖洒水养护。见图 4-15、图 4-16。

8. 锚索张拉

锚索正式张拉前，应取 10% ~20% 的设计张拉荷载，对其预张拉 1 ~2 次，使其各部位接触紧密，钢绞线完全平直。

图 4-15　框架梁钢筋绑扎

图 4-16　框架梁模板安装

因各单元锚索长度不同，张拉注意严格按设计次序分单元采用差异分步张拉，并根据计算的差异荷载进行分单元张拉。

待框架混凝土强度达到设计强度的 70% 后，可根据设计荷载进行分单元张拉，达到设计荷载的 110% 后进行锁定。

锚索张拉后锁定的技术要求：第一级张拉力为 0.5 倍，第二级张拉力为 0.75 倍，第三级张拉力为 1.1 倍，应持荷载稳定 10min 后无异常再进行锁定。

9. 封锚

锚索锁定并检测验收合格后，切除余露锚筋，采用水泥净浆注满锚垫板及锚头各部分空隙，并采用不低于 20MPa 的混凝土封锚处理。

三、柔性防护网

柔性防护网分为主动防护网和被动防护网两种。

1. 主动防护网

主动防护网施工工艺流程见图 4-17。

图 4-17　主动防护网施工工艺流程

(1)清坡

清除坡面浮土及浮石，对局部堆积体和凸起体进行适当修整。

(2)锚杆钻设

采用风钻按设计孔位钻孔，钻孔方向应与岩面垂直，孔深应大于设计锚杆长度 50cm 以上，清孔后人工缓慢将锚杆体插入孔内，确保锚固长度，向孔内注浆；一般采用强度 M30 以上水泥砂浆，灰沙比宜为 1∶(1.0 ~ 1.2)，水灰比宜为 0.45 ~ 0.5，保证浆液饱满，注浆体养护不少于 3d。

(3)安装纵横向支撑绳

支撑绳下料时应在测得长度的基础上两端各增加 1m，绳头紧固时应从一端锚杆开始，将钢丝绳绳头穿过锚杆采用绳卡固定一端，将绳尾穿过最后一根锚杆后用紧绳器拉紧并固定，固定后绳端预留长度不小于20cm。(绳卡使用要求:支撑绳长度<15m时使用2个,在15~30m之间时使用3个,>30m时使用4个)。见图4-18、图4-19。

图4-18　安装纵横向支撑绳

图4-19　紧绳器拉紧固定

(4)铺挂格栅网

应从上向下铺挂格栅网,格栅网之间重叠宽度不小于5cm,两张格栅网间及格栅网与支撑绳间采用ϕ1.5的铁丝按1m间距进行扎结。当坡度小于45°时,扎结点间距一般不得大于2m,当坡度大于45°时,扎结点间距一般不得大于1m。见图4-20。

(5)铺设钢绳网

自上而下铺设钢绳网并缝合,缝合绳一般采用ϕ8钢绳,每张钢绳网与四周支撑绳进行缝合并预张拉,缝合绳两端用两个绳卡与网绳进行固定联结。见图4-21。

图4-20　铺挂格栅网

图4-21　铺设钢绳网

2. 被动防护网

被动防护网施工工艺流程见图4-22。

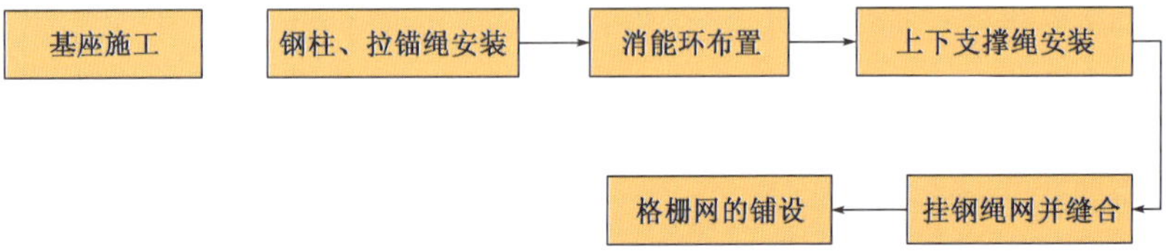

图4-22　被动防护网施工工艺流程

(1)基座施工

钢柱及拉锚绳基座桩孔采用人工开挖,禁止爆破;基底为硬岩时,四角打设锚杆,底部采用水泥砂浆找平;基底为土质或软岩时,应设置钢筋混凝土基础,钢筋笼一般采用 $\phi16$ 螺纹钢筋制作,锚杆长度≥0.5m;锚杆有浇筑混凝土前预埋和基座灌筑后钻孔安装两种方式。基座四角预埋地脚螺栓锚固,地脚螺栓外露丝口端长度不应 < 80mm。将基座套入锚杆或地脚螺栓并用螺母拧紧。见图 4-23。

(2)钢柱、拉锚绳安装

钢柱顺坡向上放置于基座处,拉锚绳一端挂环挂于钢柱顶端,另一端用绳卡固定于拉锚绳基座,然后缓慢抬起钢柱,对准基座插入钢柱,并采用连接螺杆固定,拉紧拉锚绳并用绳卡固定。见图 4-24。

图 4-23　基座施工

图 4-24　钢柱、拉锚绳安装

(3)消能环布置

消能环用于缓冲、减少落石突然撞击所产生的动能,分布于上拉锚绳及上下各两根支撑绳上。见图 4-25。

(4)上下支撑绳安装

将支撑绳的挂环端暂时固定于端柱上,调整消能环位置后拉紧支撑绳并用绳卡固定。见图 4-26。

图 4-25　消能环布置

图 4-26　支撑绳及钢绳网安装

(5)挂钢绳网并缝合

钢绳网在两根钢柱之间铺设,从中间向两侧与支撑绳缝合,缝合绳两端用绳卡固定。

见图4-27。

(6)格栅网的铺设

格栅网铺设在钢绳网内侧，相邻两块格栅网之间叠压宽度不小于10cm，用扎丝将格栅网固定在钢绳上，固定点不少于4个/㎡，上缘应高出上支撑绳，并翻转到钢绳网的外侧，叠盖宽度不小于15cm。底部沿边坡面向上铺设不小于0.5m，封住下支撑绳与地面之间的缝隙，并用石块压住。见图4-28。

图4-27　挂钢绳网

图4-28　格栅网的铺设

四、重力式挡土墙

重力式挡土墙分为：仰斜式、背斜式(俯斜式)、垂直式和衡重式。见图4-29。

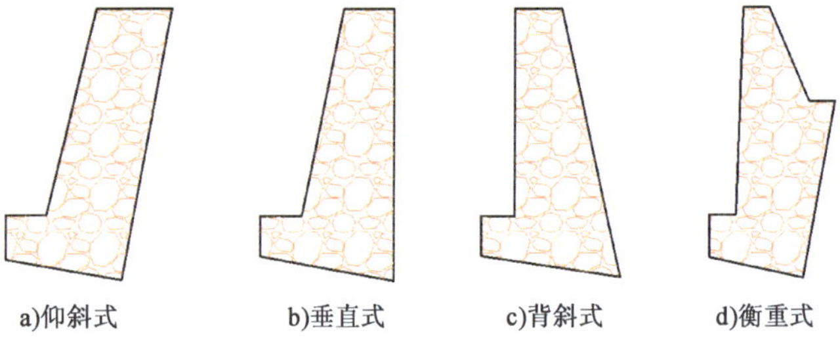

图4-29　重力式挡土墙分类

重力式挡土墙施工工艺流程见图4-30。

图4-30　重力式挡土墙施工工艺流程

1. 基坑(槽)开挖

开挖前应做好排水措施，采用人工配合机械分段开挖，开挖至设计深度后及时进行基底清理，基底高程以上20cm时采用人工开挖修整，基底做好排水沟及集水井，确保基坑底面平整无浮土、积水。

2. 基底处理

基底承载力达不到设计要求或遇软弱地基时，应及时联系设计单位进行现场确认，并根据设计方案进行基底加固处理。

3. 基础施工

按照设计结构尺寸安装基础及墙身模板，模板一般采用组合钢模板（表4-2），加固牢靠，线形平顺。混凝土采用溜槽或输送泵分层分段浇筑，插入式振捣器振捣密实。采用片石混凝土挡墙浇筑时，石料采用人工抛填，石料表面要清洁，强度不得低于30MPa，片石混凝土不得采用机械投放，掺量30%以下。每层施工完成后应预留接茬石笋或钢筋，保证上下层混凝土紧密连接。

模板安装允许偏差与检验方法　　表4-2

项次	项　　目		允许偏差(mm)	检 验 方 法
1	轴线位置		4	钢尺量检查
2	截面内部尺寸		±2	钢尺量检查
3	层高垂直度	全高≤5m	3	线坠及钢尺量检查
		全高>5m	5	线坠及钢尺量检查
4	相邻模板板面高低差		2	平尺及塞尺量检查
5	表面平整度		<4	20m内上口拉直线钢尺量检查下口按模板定位线为基准检查

4. 墙身施工

浆砌片石挡土墙施工时，应采用挤浆法砌筑，石料尺寸及强度应满足要求，表面清洁，砂浆饱满、密实。砂浆配合比须通过试验确定，片石宜分层交错砌筑，竖缝应错开，不能贯通。墙体表面及端头石料宜选择形状较方正、尺寸相对较大的片石，并长短相间地与里层砌块咬接成一体，避免竖缝重合。砌体中的石块应大小搭配，相互错叠，咬接密实，挤浆时用小锤将小石块敲入缝隙中，较大的石块宽面朝下。墙顶宜用高强度等级砂浆或现浇混凝土做成顶帽。

混凝土挡土墙采用模筑法施工，一般采用组合钢模板，模板安装按照设计尺寸进行放样，模板表面平整，连接紧密防止漏浆，搭设钢管架支撑，采用拉杆拉紧固定。混凝土浇筑一般采用汽车泵、输送泵、漏斗、漏槽等辅助措施施工。挡土墙应分层浇筑，分层振捣，每层厚度以30cm为宜。片石混凝土挡土墙要求片石石质坚硬，清洗干净，石块最小尺寸不小于15cm，强度不得低于30MPa，掺量应不大于30%。拆模后应及时洒水覆盖养护。见图4-31。

a)浆砌片石挡土墙　　b)片石混凝土挡土墙

图4-31　挡土墙墙身施工

墙身施工过程中按设计位置预留泄水孔，并严格控制泄水孔的预埋间距及角度，确保泄水孔畅通。一般采用 PVC 管留置泄水孔，角度外低内高一般为 4% 排水坡度，安装时两端应采用土工布包裹，防止浇筑混凝土时堵塞。

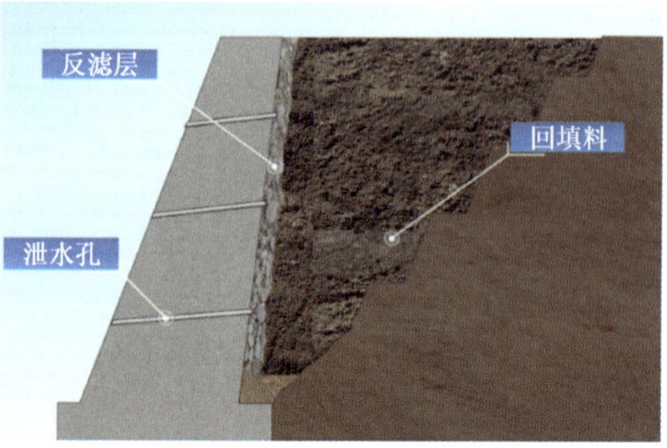

图 4-32　墙背回填

5. 墙背回填

待砌体砂浆或混凝土强度达到 75% 以上时，方可回填墙背材料，并应优先选择渗水性较好的砂砾土填筑。如有困难采用不透水土壤时，必须做好砂砾反滤层，并与砌体同步进行。墙背回填应分层回填分层压实，每层最大压实厚度不大于 20cm，压实度应不小于 96%，墙背 1m 范围内应采用小型压实机具压实，泄水孔位置做好反滤层。见图 4-32。

五、桩板墙

桩板墙施工工艺流程见图 4-33。

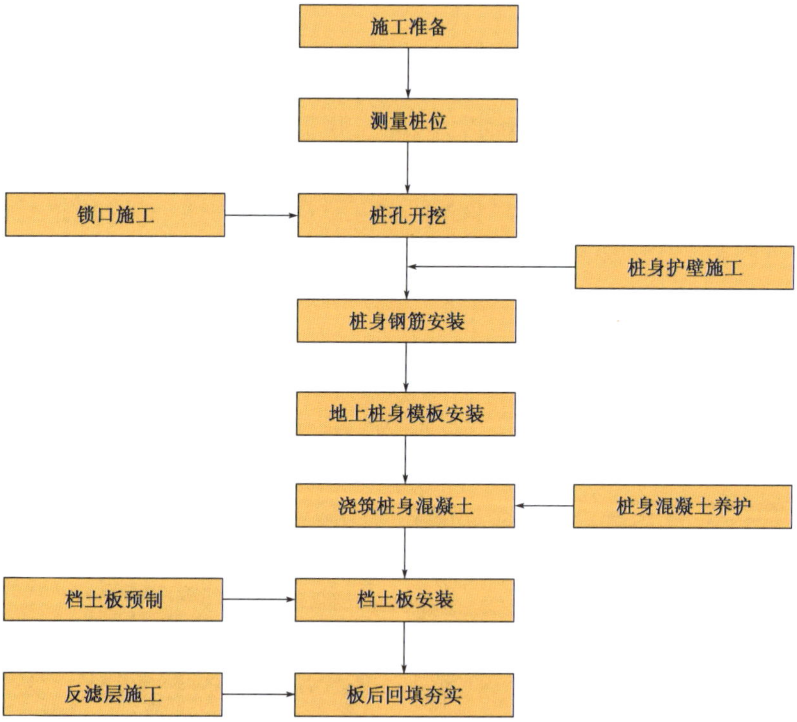

图 4-33　桩板墙施工工艺流程

1. 施工准备

平整场地，清除坡面浮土危石，定出桩孔准确位置，开挖前将孔位四周的场地整平夯实，锁口采用混凝土施工成矩形并做好排水设施，锁口应高出地面 30cm 以上，四周应设置截排水设施。

2. 人工挖孔

开挖时人工自上而下逐层分节进行，开挖一节后及时施做护壁，过程中保证垂直度，护壁钢筋按设计加工制作，及时浇筑混凝土，采用吊锤检查孔壁的垂直度。开挖达到设计深度后，及时清除孔底松渣、淤泥沉淀物等。见图4-34。

3. 钢筋笼制安

钢筋笼可孔外制作成型，整体或分段吊入孔内，也可在孔内绑扎成型。主筋宜采用机械连接，接头错开，同一断面接头数量应小于等于整个断面钢筋总数的50%。见图4-35。

图4-34　桩基开挖

图4-35　桩基钢筋施工

4. 混凝土浇筑

桩基地面以上部分应按照设计尺寸安装模板，与地下部分一同浇筑，桩基混凝土采用拌和站集中拌和，采用漏斗加串筒的方式分层浇筑并振捣密实。见图4-36。

5. 挡土板的制作及安装

挡土板采用现场或预制场预制，预制时标记清楚内、外侧，泄水孔角度要预埋正确，待桩身混凝土达到设计强度即可进行土石方开挖，挡土板安装与路基填筑或桩间开挖同步进行。采用吊车吊装，人工配合；每安装一块挡土板后，同步进行后背回填。回填土用透水性好的填料，并进行夯实。见图4-37。

图4-36　桩基混凝土浇筑

图4-37　挡土板安装

第三节　边坡防护与支挡工程安全风险分析

边坡防护与支挡工程施工过程中存在的一般安全风险主要有：火工品爆炸、放炮伤害、物体打击、车辆伤害、机械伤害、起重伤害、触电等。另外还存在边坡坍塌、脚手架坍塌、高处坠落、中毒窒息等特有的安全风险。

(1)边坡坍塌：边坡开挖未按设计要求放坡，排水措施不到位，未做到随挖随护等造成的边坡坍塌。

(2)脚手架坍塌：边坡防护、挡墙、预应力锚索等施工中，架体稳定性不足或受外力作用导致的脚手架坍塌。

(3)高处坠落：在高边坡、挡墙及抗滑桩施工中，临边防护及个人防护措施不到位导致的高处坠落。

(4)中毒窒息：抗滑桩人工挖孔过程中，孔内通风不及时、气体检测不到位等造成中毒窒息。

第四节　边坡防护与支挡工程安全控制要点

(1)施工时禁止人员上下交叉作业，下方设警戒区。

(2)高处作业时，作业人员不得沿架体、坡面攀爬，禁止抛掷工具和材料，防止落物伤人。

(3)边坡上所用物料均应合理分散、分类堆放平稳，严禁摆放在安全通道、临边位置。

(4)高处施工时，钢管、锚杆、钢丝绳、钢立柱、防护网、石料等材料，不得集中堆载，并做好防滚落措施。

(5)坡面运送材料应采用专用的提升设备，砌体材料(预制块)不得自由滚落的方式运送。见图4-38。

a)　　　　b)

图4-38　坡面材料运送设备

(6)脚手架及作业平台应按方案搭设牢固，设置人员上下通道、防护栏杆、安全网等安全设施。

(7)抗滑桩每班作业前应先通风15min以上,挖孔作业时应持续通风。

(8)抗滑桩人工挖孔时,应设置人员上下软梯,配备通风及气体检测设备;孔口及孔内采取防护措施,防止坠物伤人。

(9)锚索、锚杆张拉作业时应设置警戒区,操作平台必须稳固;张拉作业时操作人员不得离岗,千斤顶后方不得站人。

(10)起重吊装时由专人指挥,并设置安全警戒区域,吊物下方不得站人。

(11)起重吊装时,应保证吊钩、吊具完好,起吊平稳,做到稳起稳落。

(12)挖掘机、运输车等机械设备不宜在陡坡区域作业,停放场地应平整坚实并避开危险区域。

(13)大雨、大雪、大雾和六级及以上大风等恶劣天气不得进行边坡防护作业。

(14)施工中如发现边坡有异响、大的裂纹等异常现象,应暂停施工,撤离人员和机具。

(15)加强噪声、扬尘控制,减少对周围环境干扰。

第五章 PART 5 涵洞施工

第一节　涵洞施工概述

一、涵洞定义及结构组成

涵洞是为了使道路顺利通过水渠、沟谷、洼地、既有道路等，修筑于路面以下，作为流水通过和车辆、行人、动物通行的孔道。

涵洞与桥梁的区别主要在于跨径大小，单孔跨径 <5m 或多孔总跨度 <8m 的称为涵洞。无论跨径多大的箱涵和圆管涵都称为涵洞。

涵洞主要由基础、洞身、端墙和翼墙组成。见图 5-1。

图 5-1　涵洞结构组成

二、涵洞类型

涵洞按结构形式可分为箱涵、盖板涵、拱涵、圆管涵、倒虹吸等；按建筑材料可分为石涵、混凝土涵、钢筋混凝土涵等；按功能可分为交通涵、过水涵、动物通道涵等。见图 5-2。

a)箱涵　　b)盖板涵

图　5-2

c)拱涵

d)圆管涵

e)倒虹吸

f)石涵

g)交通涵

h)过水涵

i)动物通道涵

图 5-2　涵洞类型

三、涵洞主要施工方法

涵洞主要施工方法有现浇法、预制法、顶进法、砌筑法等。见图5-3。公路涵洞常用现浇法施工。

a)现浇涵洞

b)预制涵洞

c)顶进涵洞

d)浆砌涵洞

图5-3 涵洞施工方法

第二节 涵洞施工工艺流程与要点

一、涵洞现浇法及预制法施工工艺流程及要点

涵洞现浇、预制施工工艺流程见图5-4。

1. 基坑开挖

基坑采用机械开挖、人工配合成型，基坑机械开挖，开挖至距基底高程10～20cm时人工修边清底，开挖时一般在基坑两侧留出临时排水沟和集水井，以降低基坑水位；基坑开挖应根据基坑深度、地质条件及周边环境等编制专项施工方案。见图5-5、图5-6。

2. 基础施工

基底承载力验收合格后，采用低强度等级混凝土（砂浆）铺设垫层，预埋涵身连接钢筋，垫层铺筑后绑扎基础钢筋，钢筋绑扎应采取交错绑扎，上下两层钢筋应设置马凳筋进行支撑。模板安装应采用钢模板，模板表面应平直、无明显错台，加固要牢靠。混凝土浇筑应连续、振捣密实，无漏振过振现象，混凝土浇筑完成后应及时覆盖洒水，保证混凝土表面湿润。见图5-7。

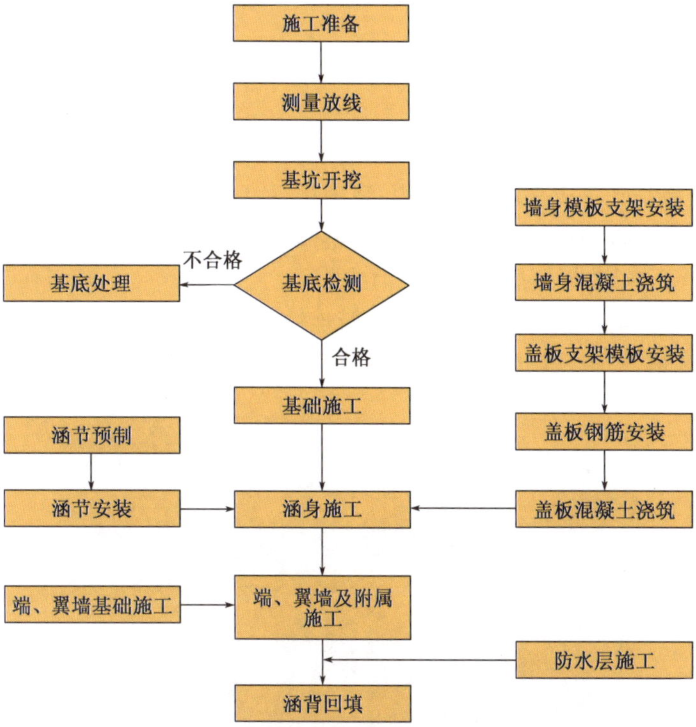

图 5-4　涵洞现浇、预制施工工艺流程图

图 5-5　涵洞基坑开挖

图 5-6　涵洞地基承载力检测

a)　　b)

图 5-7　涵洞基础施工

3. 涵身施工

待基础混凝土达到设计强度的70%后，进行涵身施工。

(1)盖板涵墙身施工

盖板涵墙身一般采用混凝土、片石混凝土或浆砌片石。混凝土墙身施工应连续浇筑振捣密实；片石混凝土墙身施工应采用人工抛填；浆砌片石墙身施工应采取挤浆法砌筑。

涵身模板安装：模板的接缝采用腻子处理，模板接缝应平整，模板线形平直牢固，采用拉杆加固，拉杆采用PVC套管，拆模后拉杆应及时拔除。

涵身混凝土浇筑：墙身混凝土浇筑时应浇筑连续、振捣密实。设计为片石混凝土施工时，片石应采用人工抛填，不得采用机械抛填，片石掺入比例不得超过规范要求。见图5-8。

图5-8　涵洞墙身施工

(2)盖板施工

盖板一般采用现浇和预制两种方法施工。

①现浇盖板。墙身施工完成后，搭设盖板支架、铺筑底模，然后施作钢筋混凝土现浇盖板，养护至设计强度后方可拆除支架。涵洞盖板支架严格按照脚手架施工规范进行验算和安装。见图5-9。

②预制盖板。盖板应提前在预制场预制，达到设计强度后，采用平板车运至施工现场，再用起重设备逐块吊装。见图5-10。

图5-9　现浇盖板

图5-10　预制盖板

(3)箱涵涵身施工

箱涵一般采用现浇和预制两种方法施工。

①现浇箱涵。绑扎墙身钢筋,安装涵身模板及支架,一般采用门型支架、钢管支架或采用模板台车施工,然后绑扎顶板钢筋,浇筑混凝土。见图 5-11。

②预制箱涵。涵节提前在预制场预制,达到设计强度后,采用平板车运至施工现场,再用起重设备逐块吊装。见图 5-12。

图 5-11　现浇箱涵

图 5-12　预制箱涵

4. 端、翼墙及附属施工

涵洞进出口端墙或翼墙施工时应严格控制其角度,过水涵进出口流水面应采用浆砌片石或片石混凝土铺砌,必要时设置急流槽、跌水、消能池等缓冲设施;交通涵进出口应顺接既有道路。沉降缝采用沥青麻絮填塞嵌缝及加铺沥青玻璃纤维布或油毡,涵洞顶板侧墙外表面回填前施作防水层。

二、顶进法施工工艺流程及要点

涵洞顶进施工工艺流程见图 5-13。

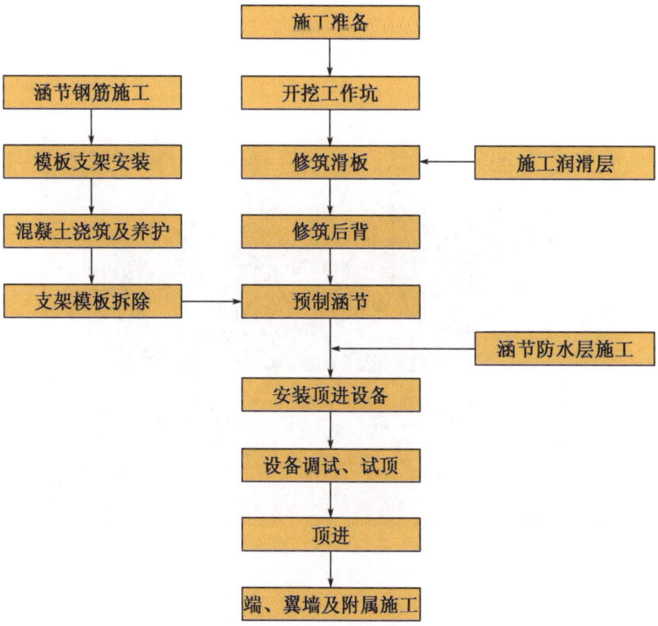

图 5-13　涵洞顶进施工工艺流程图

1. 施工准备

施工前，应编制专项施工方案，调查施工区域地下管线、电缆及其他障碍物情况，对既有线路基临时加固。见图5-14。

a)

b)

图5-14　既有线路基加固

2. 开挖工作坑

开挖前应做好降水及临时排水措施，工作坑边坡一般取1∶0.75～1∶1.5，靠近既有线路基一侧的边坡可缓于1∶1.5。采用机械开挖、人工配合成型，应预留20cm厚土层人工开挖。若工作坑基底高程位移地下水位以上，工作基坑开挖之前，宜采用井点降水，将地下水位降至基底高程以下0.5～1.0m；降低地下水位时，确保附近既有建筑物的稳定，尤其是对既有线路水平位移及高程的监测；在多雨地区无法避免雨期施工时，应设置顺畅的排水设施，同时配备防洪及线路抢修的措施。

3. 修筑滑板

滑板应满足涵节顶进所需强度及稳定性要求，滑板中心线与涵洞一致，滑板与地基接触面应有防滑措施，必要时设置锚梁。见图5-15。

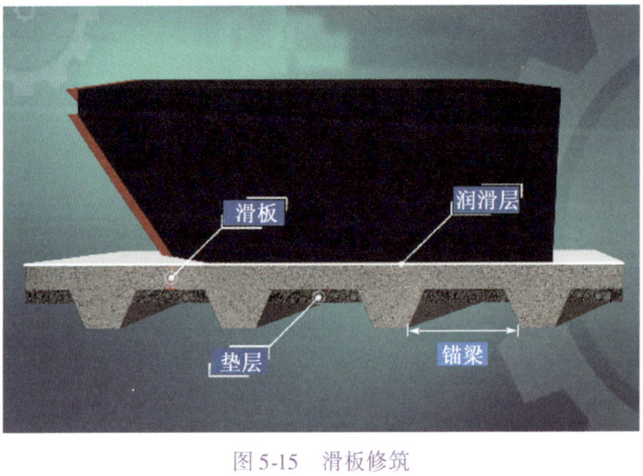

图5-15　滑板修筑

4. 修筑后背

后背是承受顶进时的水平力的临时结构物，后背要有足够的强度和稳定性，并应有适当的安全储备。常用的后背形式有板桩式和重力式两种。见图 5-16。

5. 预制涵节

涵节预制前在滑板顶面铺设润滑隔离层，涵节前端 2m 范围内轮廓较后端宽 2cm，严禁出现前窄后宽的楔形现象，涵节预制与刃角安装完成后设置防水层，外表进行润滑处理，以减少顶进阻力，底板前段底部宜设置成船头坡，以方便顶进过程中，调整高程。见图 5-17。

图 5-16　后背修筑

图 5-17　涵节预制

6. 安装顶进设备

根据计算的最大顶力确定顶进设备，千斤顶顶力可按照额定顶力的 60% ~ 70% 计算，并配置备用千斤顶，顶进之前应检查液压系统、顶进装置及各类辅助设备。见图 5-18。

7. 试顶

试顶前复核顶进轴线及高程，检查涵节混凝土强度、防水层及保护层是否满足设计要求。试顶时重点检查后背、滑板、液压系统、千斤顶、顶铁、涵洞结构，出现异常情况及时处理。

8. 顶进

顶进分为两个阶段进行。第一阶段在滑板空顶至刃角接触路基边坡时，停止顶进；第二阶段开始挖土运土，当刃角前方挖土达到一个顶程，继续顶进，如此反复直至涵节全部就位，顶进过程中要对中线、水平安排专人进行观测，出现“顶偏”“抬头”和“扎头”现象时，应及时处理。见图 5-19。

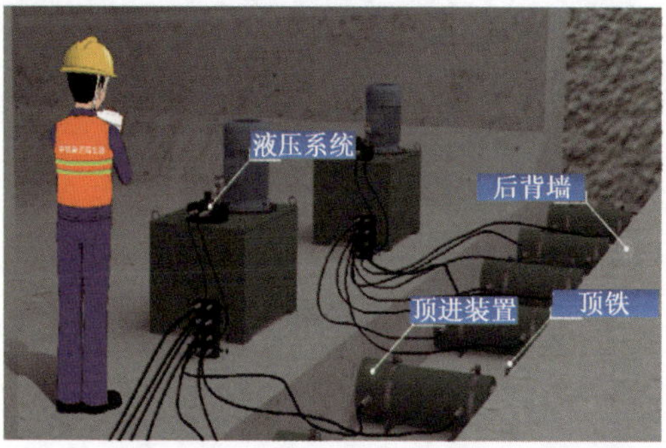

图 5-18　顶进设备安装

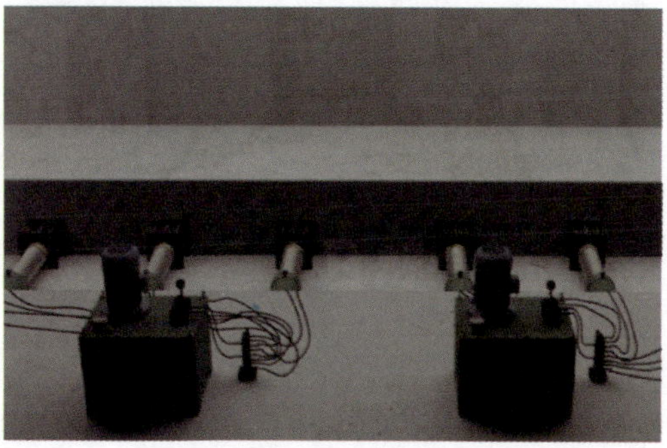

图 5-19　涵节顶进

9. 端、翼墙及附属施工

涵洞主体顶进完成后，及时施工端、翼墙、洞口铺砌和防护工程，恢复既有道路交通。

第三节　涵洞施工安全风险分析

涵洞施工过程中，存在的一般风险主要有：机械伤害、车辆伤害、高处坠落、物体打击、触电等；另外还存在基坑坍塌、爆模、起重伤害、既有线交通安全风险等特有安全风险。

(1)基坑坍塌：基坑边缘堆载、放坡过陡及支护、降排水不到位引起的基坑坍塌。

(2)爆模：墙身混凝土浇筑过程中因模板刚度、稳定性不足导致的爆模。

(3)起重伤害：在模板、钢筋等材料吊装及预制盖板、涵身安装作业中，由于地基承载力不足、违规操作、吊装区域未设置警戒等原因造成的伤害。

(4)既有线交通安全风险：主要有既有道路沉降、交通组织不力、车辆违规行驶等原因造成的安全风险。

第四节　涵洞施工安全控制要点

(1)涵洞施工涉及的工种有电工、电焊工、架子工、起重工、混凝土工、钢筋工、模板工、设备操作人员等，其中电工、电焊工、架子工、起重工等特种作业人员应持证上岗。

(2)人工辅助机械开挖时，作业人员之间、人员与机械之间应保持安全距离。

(3)既有线涵洞顶进施工时，禁止人员穿越既有道路。

(4)顶进施工时，工作坑内严禁站人，以防顶铁拱起伤人。

(5)起重吊装前应检查基底承载力是否满足要求，吊钩、吊具是否完好，安全装置是否有效。

(6)脚手架及作业平台应按方案搭设牢固，设置人员上下通道、防护栏杆、安全网等安全设施。见图5-20。

a)　　b)

图5-20　设置上下通道、防护栏杆、安全网

(7)现场使用的材料、渣土严禁堆放在基坑边缘。见图5-21。

(8)改扩建涵洞施工时，基坑周围应设置导向牌，与既有线之间宜设置隔离设施，必要时设专人指挥。

(9)箱涵顶进封锁施工时，应按照《铁路技术管理规程》要求，在施工区间设立移动信号防护。见图 5-22。

图 5-21　基坑边缘严禁堆放材料、渣土

(10)每次顶进前，应重点检查液压系统、千斤顶、顶铁、顶柱、后背等顶进传力设备。

(11)各类物料应分类堆码整齐、做到下垫上盖，木材、防水卷材、油料等易燃材料存放场所应配备足够的消防器材。

(12)在基坑四周设置截水沟，必要时进行降水，避免地表水或地下水影响基坑稳定。见图 5-23。

图 5-22　设立移动信号防护

图 5-23　基坑四周设置截水沟

(13)基坑应避开雨季施工，做好排水导流工作。

(14)配备足够的抽水设备，开挖过程中遇基坑积水应及时抽排。

(15)基坑开挖过程中应做好深基坑监测，并巡查基坑边缘有无裂缝，坑壁有无松散坍落现象，发现异常及时处理。

(16)向基坑内卸料或浇注混凝土时，车辆必须与基坑边缘保持一定的安全距离，防止边坡坍塌。

(17)下穿既有线施工时，在原有路基稳定性可能受影响的地段，应采取安全防护措施及防止变形或加固的措施。

(18)夜间施工应照明充足，应设置警示灯，所有机械设备、机具及各防护装置均应粘贴反光条或反光标志。

路基路面施工安全技术

第六章 PART 6

路面基础知识

第一节　路面定义与结构组成

路面是由筑路材料铺筑在路基顶面，供车辆行驶的层状结构物。结构层次可分为垫层、基层和面层。见图6-1。

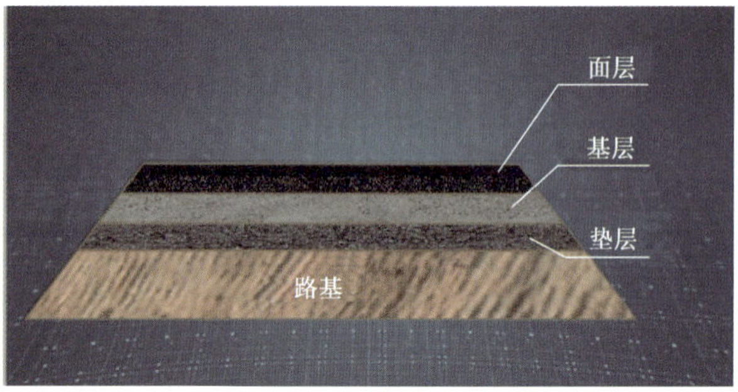

图6-1　路面结构层次

一、垫层

垫层是介于基层和土基之间的层次。主要作用为改善土基的湿度和温度状况，以保证面层和基层的强度稳定性和抗冻胀能力，并扩散由基层传来的荷载以减小土基产生的变形。见图6-2。

a)稳定土垫层

b)炉渣垫层

c)砾石垫层

d)碎石垫层

图6-2　垫层

垫层的材料主要有：

(1)松散材料：如砂、砾石、炉渣等。

(2)水泥或石灰稳定土等修筑的稳定类垫层。

二、基层

基层是路面结构中的承重部分。主要作用是承受车辆荷载的竖向力，并把面层传下来的力扩散到垫层或土基。见图 6-3。

a)

b)

图 6-3 基层

基层所用的材料主要有：

(1)各种结合料：如石灰、水泥或沥青等稳定土或碎砾石混合料。

(2)各种工业废渣，如粉煤灰、煤渣、矿渣、石灰渣等。

(3)土、砂及碎、砾石组织的混合料。

(4)各种碎砾石混合料或天然砂砾。

(5)各种片石。

三、面层

面层是直接同行车和大气相接触的层次。承受行车荷载较大的竖向力、水平力和冲击力的作用，同时又受到降水的侵蚀作用和温度变化的影响。

面层所用的材料主要有：水泥混凝土、沥青混凝土沥青碎(砾)石混合料、砂砾或碎石掺土或不掺土的混合料以及块料。

第二节 路面基本类型与分级

一、路面的基本类型及优缺点

路面通常分为水泥混凝土路面，又称刚性路面；沥青混凝土路面又称柔性路面以及两者结合的半刚性路面。见图 6-4、图 6-5。

图 6-4　水泥混凝土路面

图 6-5　沥青混凝土路面

1. 水泥混凝土路面优缺点

优点：强度高、刚度大、稳定性好、耐久性好、抗侵蚀能力强、养护费用小、利于夜间行车等。

缺点：对水泥和水的需要量大、接缝较多、开放交通较迟、养护修复困难等。

2. 沥青混凝土路面优缺点

优点：平整度好、行车舒适、易养护维修、适应变形的能力大等。

缺点：易产生沉陷、车辙、疲劳开裂、推移和拥起、松散和坑槽等。

二、公路及路面等级划分

1. 公路等级划分

(1)高速公路。全部控制出入、专供汽车在分离的车道上高速行驶的公路。主要用于连接政治、经济、文化上重要的城市和地区，是国家公路干线网中的骨架。一般年平均每昼夜汽车通过量 2.5 万辆以上。

(2)一级公路。为供汽车分向、分车道行驶，并部分控制出入、部分立体交叉的公路，主要连接重要政治、经济中心，通往重点工矿区，是国家的干线公路。一般能适应按各种汽车折合成小客车的远景设计年平均昼夜交通量为 1500 ~ 30000 辆。

(3)二级公路。连接政治、经济中心或大工矿区等地的干线公路，或运输繁忙的城郊公路。一般能适应各种车辆行驶，一般适应按各种汽车折合成小客车的远景设计年平均昼夜交通量为 3000 ~ 7500 辆。

(4)三级公路。沟通县及县以上城镇的一般干线公路。通常能适应各种车辆行驶，一般适应按各种汽车折合成小客车的远景设计年平均昼夜交通量为 1000 ~ 4000 辆。

(5)四级公路。沟通县、乡、村等的支线公路。通常能适应各种车辆行驶，一般适应按各种汽车折合成小客车的远景设计年平均昼夜交通量为：双车道 1500 以下，单车道 200 辆以下。

2. 路面等级划分

路面等级一般分为高级路面、次高级路面、中级路面和低级路面。见表 6-1。

路面等级划分表 表 6-1

序号	路 面 等 级	公 路 等 级	面 层 类 型
1	高级路面	高速公路、一级、二级公路	沥青混凝土
			水泥混凝土
2	次高级路面	二级、三级公路	沥青灌入式
			沥青碎石
			沥青表面处治
3	中级路面	四级公路	碎、砾石(泥结或级配) 半整齐石块 其他粒料
4	低级路面	四级公路	粒料加固土
			其他当地材料加固或改善土

三、新型路面

随着社会发展,涌现出了融雪化冰路面、低噪声路面和彩色沥青路面等新型路面。见表 6-2。

新 型 路 面 分 类 表 6-2

序号	名称	原 理	作 用
1	融雪化冰路面	太阳能土壤蓄热融雪化冰路面、导电混凝土融雪化冰路面、添加盐化物类融雪化冰路面以及添加橡胶颗粒类融雪化冰路面等路面	避免冰雪影响交通,采用不同的方法进行融雪化冰
2	低噪声路面	低噪声多孔隙沥青混凝土路面等路面	避免受噪声影响造成人们烦躁不安、紧张失眠、工效降低引起的工作失误及交通事故等
3	彩色沥青路面	彩色沥青混合料和彩色水泥灌浆混合料路面	美化城市改善道路环境,诱导车流使交通管理直观化、较强的吸声功能,良好的弹性和柔性,防滑,减少污染以及提高路面亮度等作用

(1)融雪化冰路面:为了避免冰雪对现代化交通的影响,目前部分严寒地区的公路路面利用融雪化冰技术开始使用融雪化冰路面。见图 6-6。

(2)低噪声路面:由于人们对道路交通的环境越来越重视,对交通噪声的限制越开越严格,部分人口密度较高的地区开始采用低噪声路面。见图 6-7。

图 6-6 融雪化冰路面

图 6-7 低噪声路面

(3)彩色沥青路面：由于彩色路面美化道路空间环境效果明显，提升道路交通安全功能，逐步被应用与标志性城市新建道路、广场、高等级公路的交通诱导路段等区域。见图6-8。

图6-8 彩色沥青路面

第三节 路面性能与检测指标

一、路面性能

路面的性能要求主要包括：结构承载力、水稳定性、温度稳定性、耐久性、路面平整度、路面抗滑性等。见表6-3。

路面的性能要求 表6-3

路面性能	相关要求				测试方法
结构承载力（强度）	$l_S \leqslant l_d\sigma_m \leqslant \sigma_R$				规范规定程序计算
水稳定性	年降雨量(mm)	≥500	<500		T 0729
	冻融劈裂试验劈裂强度比(%)	≥80	≥75		
	浸水马歇尔试验残留稳定度(%)	≥85	≥80		T 0709
温度稳定性	高温稳定性：连续7d最高气温平均值	>35℃	30~35℃	<30℃	T 0719
	C级(次/mm)	≥2000	≥1200	—	
	D、E级(次/mm)	≥3000	≥2400	≥1800	
	抗裂性能：气候条件及技术指标	年极端最低气温(℃)			T 0728
		<-37.0	-21.5~-37.0	-9.0~-21.5	
	试验极限破坏应变(με)	≥3000	≥2800	≥2500	
路面抗滑性	年平均降雨量(mm)	交工验收值			横向力系SFC60、动态摩擦系DFT仪、铺砂法或激光法
		横向力系数SFC_{60}	动态摩擦系数DF_{60}	构造深度TC(mm)	
	>1000	≥54	≥0.59	≥0.55	
	500~1000	≥50	≥0.54	≥0.50	
	250~500	≥45	≥0.47	≥0.45	

二、路面检测指标及方法

(1)路面基层(底基层)实测项目有:强度、压实度、平整度及横坡等。

(2)水泥混凝土路面实测项目有:混凝土抗折强度、结构层厚度、表面平整度。

(3)沥青混凝土路面实测项目有:沥青混凝土的拌和、运输及摊铺温度,横坡、压实度及厚度。见表6-4。

路面主要检测指标及方法 表6-4

路面类型	检测项目	质量要求		检测频率	检测方法
路面基层	强度	满足设计要求		每2000m^3 或每个工作台班1组试件	标准立方体无侧限抗压
	压实度	底基层96%	基层98%	每200m每车道2处	灌沙法
	平整度	底基层12mm	基层8mm	每200m 2处测×10尺	3m直尺
	横坡	允许偏差±3%		每200m测4个断面	水准仪
沥青混凝土路面面层	温度	出场温度155~165℃ 到场温度≥145℃ 摊铺温度135~150℃ 初压温度130~145℃ 终压温度105~125℃		每车料1次,每碾压段2次,每次3点	温度计
	压实度	≥98%		1芯/2000m^2	钻孔取芯
	面层总厚度	高速公路、一级公路 代表值:设计值的-5%		每1km 5点	钻孔检查(T 0912)
		高速公路、一级公路 极值:设计值的-10%		每1km 5点	钻孔检查(T 0912)
	上面层厚度	高速公路、一级公路 代表值:设计值的-10%		每1km 5点	钻孔检查(T 0912)
		高速公路、一级公路 代表值:设计值的-20%		每1km 5点	钻孔检查(T 0912)
	横坡	允许偏差±0.3%			水准仪
	平整度	上面层≤1.0mm	中、下面层≤1.2mm	全线连续检测100m计算	连续式平整度仪
水泥混凝土路面面层	抗弯拉强度	不低于设计要求		每班留2~4组试件,日进度<500m取2组,≥500m取3组,≥1000m取4组	钻芯取样劈裂试验
	板厚度	平均值≥-5;极值≥-15, Cv(统计变异系数)应符合设计规定		路面摊铺宽度内每100m左右各2处,连接摊铺每100m单边1处	钻孔检查
	平整度	≤1.2mm		每个车道连续检测	连续式平整度仪

第四节　路面施工机械与主要施工方法

一、路面施工机械

路面施工机械主要有：拌和设备、摊铺设备、压路机、自卸汽车、洒水车、混凝土运输车、石屑撒布机、沥青洒布机等。见表6-5。

路面施工机械分类　　表6-5

序　号	机械设备名称	适用范围
1	拌和设备	混凝土及沥青混合料拌制
2	摊铺设备	混凝土及沥青混合料的摊铺
3	石屑撒布机	沥青混凝土下封层石屑摊铺作业
4	沥青摊铺机	沥青路面摊铺作业
5	压路机	沥青混凝土压实
6	自卸汽车	运输作业
7	混凝土运输车	混凝土运输作业
8	洒水车	养护作业

二、路面施工的主要方法

沥青路面主要是利用沥青摊铺设备将加热拌和的沥青混合料摊铺和压实的施工方法。

水泥混凝土路面主要施工方法有滑模摊铺机铺筑法、轨道摊铺机铺筑法、三辊轴机组铺筑法等。

第五节　路面施工主要安全风险

路面施工具有战线长、机械化程度高、工序衔接紧密、沥青作业温度高等特点。施工中存在机械伤害、车辆伤害、触电、火灾、中暑、灼伤、中毒等安全风险。

第七章 PART 7 路面施工

第一节　路面主要施工方法概述

一、水泥混凝土路面

水泥混凝土路面一般采用滑模摊铺机、轨道摊铺机、三辊轴等施工。见图7-1～图7-3。

图7-1　滑模摊铺机铺筑法

图7-2　轨道摊铺机铺筑法

滑模摊铺机是将布料、摊铺、振捣密实、挤压成型、抹面装饰等施工流程在摊铺机行进过程中连续完成的施工方法，这种机械工序紧凑、施工质量高，应用较广泛，可同时铺筑路缘石，但对原材料质量、配合比以及混合料的供应要求十分严格。

轨道摊铺机是采用轨道与模板合一的专用钢制轨模，进行混凝土混合料的摊铺、振实、整平作业的自行式机组。按布料方式不同，可选用刮板式、箱式和螺旋式。

三辊轴施工是采用振捣机、三辊轴整平机等机组铺筑混凝土路面的施工方法。三辊轴机组铺筑混凝土面板时，必须同时配备一台安装插入式振捣棒组的排式振捣机，同时安装有辅助摊铺的螺旋布料器和松方控制刮板，并具有自动行走功能。

二、沥青混凝土路面

沥青混凝土路面采用热拌沥青摊铺机施工。是将沥青混凝土在拌和站集中拌和，摊铺机摊铺，压路机压实的施工方法。见图7-4。

图7-3　三辊轴机组铺筑法

图7-4　热拌沥青摊铺机铺筑法

第二节　路面施工工艺流程与要点

一、基层、垫层施工工艺流程及要点

基层、垫层施工工艺流程见图7-5。

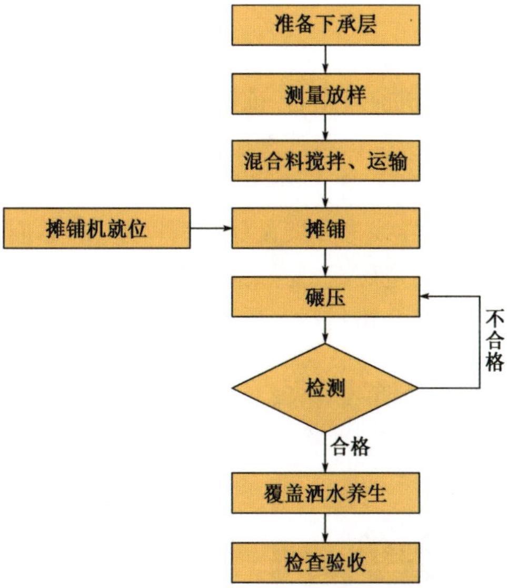

图7-5　基层、垫层施工工艺流程

1. 准备下承层

下承层检测验收合格后，进行彻底清扫及处理，表面无松散材料和软弱点。见图7-6、图7-7。

图7-6　下承层验收

图7-7　清扫处理

2. 混合料搅拌、运输

水泥稳定碎石采用厂拌设备严格按配合比集中拌和，集料必须分仓配料，集料、水泥和水必须自动计量，保证用量准确。拌和时混合料的含水率高于最佳含水率0.5%～1.0%，以补偿后续工序的水分损失。水泥剂量严格按照设计要求，做到随拌随运、拌和均匀、色泽一致，没有灰条、花团和花面，没有水泥及碎石的粗细颗粒“窝”。运输过程中覆盖塑料薄膜防止水分蒸发，保持装载高度均匀以防离析。运输时，运输车如果要通过已铺筑路段，速度一定要缓，以减少不均匀的碾压或车辙。应设专人指挥运输车辆卸料，混合料运输车配置应根据运距、道路状况、摊铺能力等因素综合确定，以满足摊铺要求为准。一般以摊铺现场有1～2辆车等待为宜。见图7-8。

3. 摊铺

根据路面宽度采用多台摊铺机前后组合，前后重叠宽度20～30cm，前后机间距10～20m；匀速、连续摊铺，摊铺机前进速度应与供料速度协调，摊铺速度按2～3m/min控制。运料车在摊铺机前方10～30cm停车，由摊铺机迎上推运卸料，边前进边卸料，卸料速度和摊铺速度相协调。摊铺前根据摊铺厚度测量导线桩并架设导线钢丝绳，导线桩间距5～10m。施工中随时检查摊铺质量，并派专人用水泥稳定碎石，对摊铺后表面粗料集中的部位人工找补，使表面均匀，局部水分不合适的要挖除换填合格材料。见图7-9。

图7-8 混合料覆盖运输

图7-9 摊铺机摊铺

4. 碾压

先用光轮压路机静压一遍，碾压速度为1.5～2km/h，然后用重型振动压路机振压3～4遍，碾压速度为2.5～3km/h，最后用轻型压路机光面，遵循先轻后重、先慢后快、由低到高的原则碾压，边缘部位采用小型机具碾压。严禁压路机在已完成的或正在碾压的路段上掉头或紧急制动，如必须掉头，应在掉头处覆盖10cm厚砂砾，以保证基层表面不受破坏。每天摊铺结束或摊铺因故中断，应设置横向接缝，后续开始摊铺前横缝末端凿成横向垂直断面，铲除不满足压实度、高程和平整度要求的端部混合料，清扫干净并洒水泥浆。见图7-10。

5. 养生

碾压完成后立即进行养生，采用洒水、土工布覆盖养生，每天洒水次数以保持基层表面湿润为度，养生期不少于7d。养生期间封闭交通，如因特殊原因不能封闭交通时，应将车速限制在15km/h以下，严禁重型车辆通行。见图7-11、图7-12。

a)　　　　b)

图 7-10　碾压

图 7-11　洒水养生

图 7-12　一布一膜覆盖养护

6. 检查验收

压实后，检测水稳层高程、宽度、平整度及纵横坡，并按要求钻芯取样试验，使每层整个厚度和宽度完全均匀的压实到规定的密实度为止。压实后表面应平整、无轮迹或隆起、裂纹搓板及起皮松散等现象，压实度需达到重型击实试验确定最大干容重的 98%。碾压过程中水泥稳定碎石的表面层应始终保持湿润。

二、水泥混凝土路面施工工艺流程及要点

水泥混凝土路面一般采用滑模摊铺机摊铺。

水泥混凝土路面滑模摊铺施工工艺流程见图 7-13。

1. 测量放样

测量架设传感器的导向线，导向线应高出路面高程 20cm，导向线要满足当日的工作量，导向线距待摊铺路面 1 ~ 1.5m，高度为路面延伸至导向线实测高程加 20cm，每根导向桩点距离为 5 ~ 10m，摊铺前应复测，开始摊铺的 5m 内，必须对所摊出来的路面高程、厚度、宽度、中线、横坡度等技术参数进行准确测量，以满足施工精度。

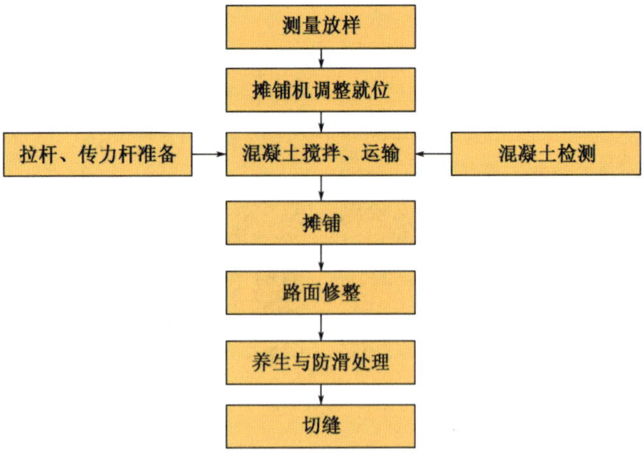

图 7-13　水泥混凝土路面施工工艺流程

2. 摊铺机调整就位

摊铺机进入现场安装后，应复核挤压底板四角高程、机架前后左右水平度和侧模前进方向。见图 7-14。

图 7-14　摊铺机调整就位

3. 混凝土搅拌、运输

路面混凝土应集中拌和，搅拌前应先检查搅拌设备的各机构是否运转正常，搅拌时严格按照实验室提供的配合比进行投料拌制，采用罐车运至摊铺现场，在运输过程中要确保不变干、不离析、不超时。

4. 摊铺

摊铺前基层应洒水湿润。摊铺时应全宽均匀布料，做到缓慢、匀速、不间断，卸料时高度不应超过 1.5m，中间可略高。布料高度一般比成型后的路面高出 6 ~ 10cm，振捣仓内混合料位高于振捣棒 10cm 左右，防止欠振、过振、漏振。摊铺速度应根据板厚、混凝土工作性、布料能力、振捣排气效果等确定，宜控制在 0.75 ~ 2.5m/min，不得出现料多时追赶，然后随意停机待料等现象。纵坡较大时,应调整抹平板压力,上坡时,挤压底板前仰角宜适度调小,减小抹平板压力;下坡时,则相反。应注意调整抹平板内外侧面的抹面距离,防止垮边;纵缝拉杆或传力杆采用机械自动打入;每天摊铺结束或因故中断时应按要求设置横向缩缝或胀缝处。见图 7-15 ~ 图 7-17。

5. 路面修整

摊铺过程中应人工检查,及时对气泡、蜂窝麻面、露骨等缺陷进行修复抹平,并及时检测路面的平整度和高程。见图 7-18。

图 7-15　摊铺

图 7-16　布料高度超高 10cm

图 7-17　设置传力杆

图 7-18　过程中及时修复抹平

6. 防滑处理与养生

初凝后进行表面拉毛形成细观纹理,摊铺完成 2 ~ 3d 后采用刚性刻槽制作抗滑构造。混凝土泌水完毕后洒水覆盖养生。

拉毛质量要求:

(1)湿软表面采用 1 ~ 3 层叠合的麻布、帆布等拖出细观纹理。

(2)已经硬化的光滑表面采用钢刷刷毛、喷砂打毛、高压射水等方式制作细观纹理。刻槽的深度一般为 3 ~ 4mm,宽度为 3 ~ 5mm,槽间距 12 ~ 25mm。见图 7-19 ~ 图 7-21。

7. 接缝施工

混凝土路面接缝分横向接缝(缩缝、胀缝和施工缝)和纵向接缝(缩缝和施工缝)。缩缝分割的板块一般为5m长,采用切缝机切割,切缝深度一般为1/3~1/4板厚且不少于6cm,缝宽一般为5~8mm。切缝时间应根据气温、混凝土强度增长情况适时切缝,当混凝土的强度达到6~12MPa为宜(即达设计强度25%~30%)或者度时积达到200℃·h时,开始锯横向缩缝,但最长时间不超过24h。并采用多孔泡沫塑料背衬条或橡胶条、石油沥青、改性沥青等填缝料进行灌缝。见图7-22、图7-23。

图7-19　人工拉毛

图7-20　切缝处理

图7-21　一布一膜覆盖养护

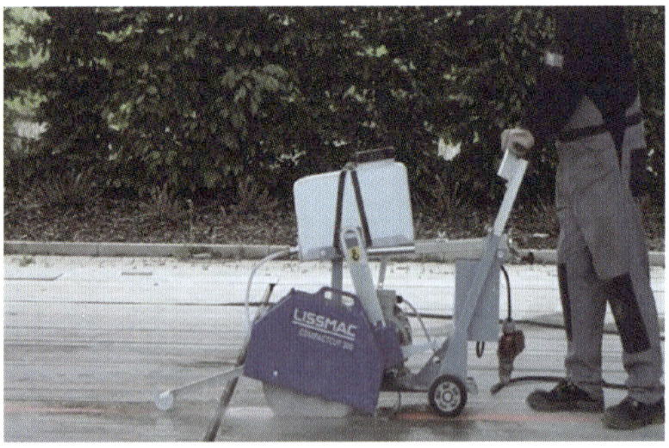

图7-22　切缝处理

图7-23　灌缝处理

三、热拌沥青混凝土路面施工工艺流程及要点

热拌沥青混凝土路面施工工艺流程见图7-24。

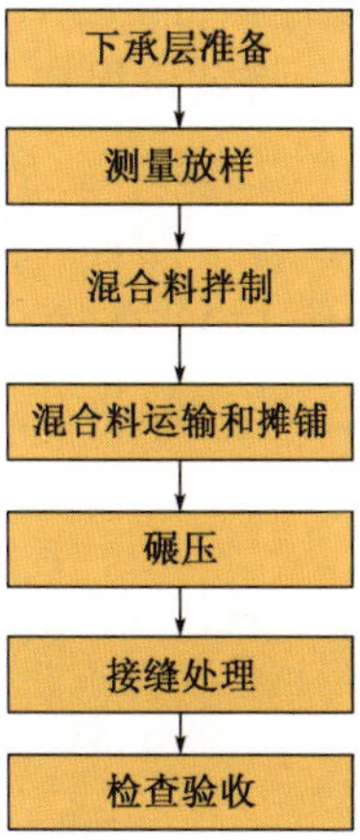

图7-24 热拌沥青混凝土路面施工工艺流程

1. 下承层准备

下面层铺筑前应清洁基层表面后喷洒透层油，透油层一般采用乳化沥青、液体沥青、煤沥青，透入深度不小于5mm；上面层或中面层铺筑前应清洁下层表面，浇洒黏层油，黏层油一般采用液体沥青、乳化沥青，常用于沥青层与层之间、路缘石、检查井、雨水口等接触面，每平方米洒布不小于0.3kg。见图7-25、图7-26。

2. 测量放样

下面层施工前恢复中桩和结构层边线，并按间距5～10m设置控制桩，采用钢丝引导控制高程。

图7-25 喷洒透层油

图7-26 浇洒黏层油

3. 混合料的拌制

严格按照配合比集中拌制，提前将沥青与矿料加热至相应温度，沥青加热温度一般为155～165℃，矿料加热温度一般为160～175℃。混合料应拌和均匀，外观一致，无花白料、结团或分离现象，混合料经温度检测合格后方可出厂，正常范围为145～165℃，超过195℃废弃。

图7-27 采用篷布保温覆盖

4. 混合料运输

混合料采用自卸汽车运输。装料前，为了防止沥青混合料黏结运料车车厢板，应对车厢内喷洒油水混合物或专用隔离剂等隔离材料，运输中用篷布覆盖，做好保温措施，避免雨淋或污染环境。见图7-27。

5. 摊铺

卸料时自卸汽车后轮倒至摊铺机前10～

30cm 处停住，挂空挡，靠摊铺机推动前进。每次卸料必须倾倒干净，如有余料应及时清除，防止硬结。摊铺机保持匀速、连续摊铺，摊铺前将摊铺机的自动找平板、振动熨平板、振动夯锤加热至不低于 100℃。多台摊铺机全宽摊铺时前后机距离应保持 10 ~ 20m，两幅应有 5 ~ 10cm 宽度的重叠。沥青混合料低于规定铺筑温度或被雨淋的应予以废弃，混合料运输到现场时温度不低于 140 ~ 155℃，摊铺时温度不低于 135 ~ 150℃。摊铺过程中，随时检查表面高程、摊铺厚度。出现离析、边角缺料等现象时人工及时补撒料，换补料。见表 7-1 和表 7-2、图 7-28、图 7-29。

热拌沥青混合料施工温度(℃)　　表 7-1

施工工序		石油沥青标号			
		50 号	70 号	90 号	110 号
沥青加热温度		160 ~ 170	155 ~ 165	150 ~ 160	145 ~ 155
矿料加热温度	间隙式拌和机	集料加热温度比沥青温度高 10 ~ 30			
	连续式拌和机	矿料加热温度比沥青温度高 5 ~ 10			
沥青混合料出料温度		150 ~ 170	145 ~ 165	140 ~ 160	135 ~ 155
混合料储料仓储存温度		储料过程中温度降低不超过 10			
混合料废弃温度，高于		200	195	190	185
运输到现场温度，不低于		150	145	140	135
混合料摊铺温度，不低于	正常施工	140	135	130	125
	低温施工	160	150	140	135
开始碾压的混合料内部温度，不低于	正常施工	135	130	125	120
	低温施工	130	145	135	130
碾压终了的表面温度，不低于	钢轮压路机	80	70	65	60
	轮胎压路机	85	80	75	70
	振动压路机	75	70	60	55
开放交通的路表温度，不高于		50	50	50	45

热拌沥青混合料施工温度(℃)　　表 7-2

施工工序		石油沥青标号			
		50 号	70 号	90 号	110 号
沥青加热温度		160 ~ 170	155 ~ 165	150 ~ 160	145 ~ 155
矿料加热温度	间隙式拌和机	集料加热温度比沥青温度高 10 ~ 30			
	连续式拌和机	矿料加热温度比沥青温度高 5 ~ 10			
沥青混合料出料温度		150 ~ 170	145 ~ 165	140 ~ 160	135 ~ 155
混合料储料仓储存温度		储料过程中温度降低不超过 10			
混合料废弃温度，高于		200	195	190	185
运输到现场温度，不低于		150	145	140	135

续上表

施工工序		石油沥青标号			
		50号	70号	90号	110号
混合料摊铺温度，不低于	正常施工	140	135	130	125
	低温施工	160	150	140	135
开始碾压的混合料内部温度，不低于	正常施工	135	130	125	120
	低温施工	130	145	135	130
碾压终了的表面温度，不低于	钢轮压路机	80	70	65	60
	轮胎压路机	85	80	75	70
	振动压路机	75	70	60	55
开放交通的路表温度，不高于		50	50	50	45

图7-28 过程中检查摊铺温度

图7-29 过程中检查摊铺质量

6. 碾压

沥青混合料摊铺后应立即进行碾压，压路机采用双轮双振压路机及质量不小于16t胶轮压路机组成。遵循先轻后重、先慢后快、由低到高的原则碾压。碾压分为初压、复压、终压3个阶段，初压采用双轮双振压路机静压1～2遍，正常施工情况下，温度应不低于110℃并紧跟摊铺机进行；复压采用胶轮压路机和双轮双振压路机振压等综合碾压4～6遍，碾压温度多控制在80～100℃；终压采用双轮双振压路机静压1～2遍，碾压温度应不低65℃；压路机应匀速均匀碾压，钢轮压路机静压时相邻碾压带应重叠15～20cm，轮胎压路机碾压时应重叠1/3～1/2轮宽。边角部位使用小型振动压路机碾压。压路机碾压过程中不得中途停留、转向或制动。见表7-3和图7-30～图7-33。

压路机碾压速度(km/h) 表7-3

压路机类型	初压		复压		终压	
	适宜	最大	适宜	最大	适宜	最大
钢轮式压路机	2～3	4	3～5	6	3～6	6
轮胎压路机	2～3	4	3～5	6	4～6	8
振动压路机	2～3	3	3～4.5	5	3～6	6

图 7-30　初压

图 7-31　复压

图 7-32　终压

图 7-33　小型设备碾压

7. 接缝处理

多台全宽摊铺时的纵向热接缝，前机应预留 20 ~ 30cm 宽暂不碾压，作为后机摊铺基准面，后机摊铺完成立即骑缝碾压，以消除缝迹。

分幅摊铺的纵向冷接缝采用人工刨缝或切缝，缝边应垂直，线形成直线，涂洒黏层油，另半幅摊铺后充分将接缝碾压密实，摊铺时应重叠在已铺层上 5 ~ 10cm，摊铺后将混合料人工清除，碾压时先在已压实路面行走，碾压新铺层 10 ~ 15cm，然后压实新铺部分，再伸过已压实路面 10 ~ 15cm。

每天摊铺结束或因故中断产生的横缝，继续摊铺前切齐、清洁，涂洒黏层油后继续摊铺，搭接碾压密实。摊铺时调整好预留高度，接缝处摊铺层施工结束后再用 3m 直尺检查平整度。碾压时压路机在前铺层上伸入新铺层的宽为 15cm，然后每压一遍向新铺混合料方向移动 15 ~ 20cm，直至全部在新铺层上为止，再改为纵向碾压。见图 7-34、图 7-35。

8. 检查验收

摊铺过程中应随时对外观质量进行检查，碾压完成并自然冷却后，对路面平整度、宽度、厚度及压实度等进行质量验收。

(1) 表面应平整密实，不应有泛油、松散、裂缝和明显离析等现象。

(2) 面层与路缘石及其他构筑物应密贴接顺，不得有积水或漏水现象。

图 7-34　横缝切齐

图 7-35　搭接碾压密实

第三节　路面施工安全风险

路面施工中存在的一般安全风险主要有：车辆伤害、机械伤害、触电、火灾、高处坠落、爆炸等。另外还存在灼烫、中毒、中暑等特有的安全风险。

(1)灼烫：沥青混合料在拌和、运输、摊铺过程中，由于操作不当或安全防护不到位造成的灼烫伤害。

(2)中毒：沥青混合料在拌和、摊铺作业时产生有毒有害气体，因作业人员安全防护措施不当造成的中毒伤害。

(3)中暑：摊铺作业时温度较高，防暑降温措施不到位造成中暑。

第四节　路面施工安全控制要点

(1)路面施工主要涉及的工种有测量工、试验工、混凝土工、模板工、电工、电焊工、机械设备操作人员等，其中电工、电焊工等特殊工种及设备操作司机应持证上岗。

(2)运行中严禁无关人员上下摊铺机，自动调平装置应由工程技术人员操作。

(3)自卸车卸料时，应设专人指挥倒车，车厢应对准料斗慢速对接，防止自卸车倒车冲撞摊铺机。见图 7-36。

(4)机械操作人员不得擅自离开岗位，或将机械设备交给其他无资质人员操作。

(5)作业人员应在行驶机械后方清除轮上黏附物。

(6)路面施工时应封闭交通，两端及中途出入口处应设专人指挥，设置安全警戒区及明显警示标志，禁止人员进入。见图 7-37。

(7)摊铺机、运料车、压路机、拌和机等设备应定期检查保养，确保性能良好。

(8)大型机械设备停放场地应平整坚实并避开危险区域。

(9)所有行走设备严禁在未压实的路面结构层上掉头、紧急制动、停放、加水、加油等。

(10)机械在行驶中，严禁搭载人员，转弯时应减速慢行，下坡时禁止空挡滑行。

(11)洒布机试喷前油嘴前 10m 范围内不得站人、喷头不得朝上，喷洒现场严禁使用明火。

图 7-36　卸料时设专人指挥

图 7-37　路面施工中封闭交通

(12)拌和设备维修时应断开电源、挂设明显的警示标志,并设专人监护。

(13)多台机械同时作业时,各机械之间应保持安全距离。

(14)现场使用的油料、沥青等易燃物品应集中统一管理,并按要求配置足够的消防器材。

(15)现场设备加油时使用专用车辆统一配送,配置消防器材,加油过程中机械设备应熄火。

(16)沥青脱桶、导热油加热沥青作业应采取防火、防烫伤措施。

(17)夏季沥青路面施工时,应做好现场防暑降温工作,购置防暑降温必要的设施、用具和药品。

(18)大风、雨雪、低温天气时应停止路面施工,高温天气不得进行水泥混凝土路面摊铺。

(19)沥青拌和站应设置在人口较少、场地空旷的地段,并有良好的通风、除尘等设施。

(20)水泥混凝土拌和站产生的污水应经过三级沉淀达标排放。

(21)沥青运输车进入摊铺现场时,应在入口处设置洗车装置清洗轮胎后进行现场,防止污染路面。见图 7-38。

图 7-38　洗车装置

(22)沥青铺摊作业时应尽量采取顺风向铺筑,以减少碾压作业场所的沥青废气量和烟雾,增加能见度,清新空气,保证施工人员作业健康。

(23)夜间施工在路口、危险路段设置警示灯,施工设备应设置明显的反光警示标志,现场应有充足的照明。

(24)路面施工时应封闭交通,两端及中途出入口处应设专人指挥,设置明显警示标志。

第八章
PART 8

交通安全设施施工

第一节　交通安全设施施工概述

公路工程交通安全设施是指为保障车辆和行人安全,充分发挥道路的作用,在道路沿线所设置的交通标志、交通标线(含突起路标)、护栏和栏杆、视线诱导设施、隔离栅、防落网、避险车道和其他交通安全设施(含防风栅、防雪栅、积雪标杆、限高架、减速丘、凸面镜)等设施的总称,部分设施图见图 8-1 ~ 图 8-4。

图 8-1　交通标志

图 8-2　交通标线

图 8-3　交通护栏及防炫网

图 8-4　防抛网

第二节　施工工艺流程与要点

一、交通标志

1. 定义与类型

交通标志是用文字或符号传递引导、限制、警告或指示信息的道路设施,按其功能分为主标志和辅助标志两大类,其中主标志分为警告标志、禁令标志、指示标志、指路标志、旅游区标志和道路施工安全标志,辅助标志附设于主标志下起辅助说明作用的标志,不能单独设立。

安装形式有柱式(单柱式和双柱式)、悬臂式(L 形、T 形、F 形)、门架式、附着式。主要施工机械有起重机、液压升降机、车载式高空作业平台等，见图8-5和图8-6。

图8-5 液压升降机

图8-6 车载式高空作业平台

2. 工艺要点

(1)所有钢构件均应进行防腐处理。螺栓、螺母等紧固件和连接件均应进行防腐处理，在防腐处理后，必须清理螺纹或进行离心分离处理；不同材质的金属构件互相接触时，应使用非金属套、垫或保护层使两者隔离。

(2)标志定位时，应保证各类交通标志的横向位置任何部分均不应侵入公路建筑限界以内，其中柱式板的内边缘、悬臂式标志和门架式标志的立柱内边缘距土路肩边缘线的距离不应小于25cm。

(3)标志基础的地基承载力应满足设计要求，设计未规定时，地基承载力不得小于150kPa。

(4)基础混凝土表面应平整，密实、光洁，不应有蜂窝麻面，基础尺寸的允许偏差为 ±50mm。

(5)立柱必须在基础混凝土强度达到设计强度的80%以上才能安装。

(6)柱式标志板可通过抱箍固定在立柱上；悬臂、门架式标志吊装横梁时，应设置向上的预拱度，且不得小于永久作用下结构材料产生的挠度值。

(7)标志柱竖直度的允许偏差为±2mm/m。

二、交通标线

1. 定义与类型

道路交通标线由施划或安装于公路上的各种线条、箭头、文字、图案及立面标记、实体标记、突起路标等构成的交通设施，作用是向道路使用者传递有关公路交通的规则、警告、指引等信息，可以与标志配合使用，也可单独使用。按标线功能可分为指示标线、禁止标线和警告标线；标线涂料可分为溶剂型、热熔型、水性、双组分4类，我国高速公路常用的为热熔型，主要施工机械为热熔釜、划线车、清扫机等，见图8-7和图8-8。

图 8-7　热熔釜

图 8-8　划线车

2. 工艺要点

(1)标线施工前,路面应清洁干燥,不得存在松散颗粒、灰尘、沥青渣、油污或其他有害材料。

(2)标线线形应流畅,与公路线形相协调,曲线圆滑,不得出现折线。

(3)反光标线的玻璃珠(可分为表面铺撒玻璃珠和预混玻璃珠)玻璃珠应在涂料喷涂后立即进行,附着牢固,反光均匀,并保证撒布均匀、黏结牢固、反光标线逆反射系数符合要求。

(4)突起路标宜在路面标线施工完成后安装,且不得影响标线质量,主线不宜设置突起路标,抗压荷载应大于 160kN,不得有任何破损开裂。突起路标设置高度,顶部不得高出路面 25mm。

(5)高速公路、一级公路的主线及其互通式立体交叉、服务区、停车区等处的进出匝道及避险车道应全线设置轮廓标。

(6)隧道侧壁应设置双向轮廓标,当设有高出路面的检修道时,在检修道顶部靠近车行道方向的端部或检修道侧壁应增设轮廓标,见图 8-9。

(7)直线路段轮廓标设置间距不应超过 50m,见图 8-10。曲线路段轮廓标应符合设计要求,具体要求见表 8-1。

图 8-9　隧道内轮廓标

图 8-10　直线段轮廓标

曲线路段轮廓标设置要求　　表 8-1

曲线半径(m)	≤89	90 ~ 179	180 ~ 274	275 ~ 374	375 ~ 999	1000 ~ 1999	≥2000
设置间距(m)	8	12	16	24	32	40	48

(8)喷涂标线时,应进行交通管制,设置适当的警告标志,防止车辆、行人在作业区内通行,直至标线充分干燥。

(9)交通标线质量应符合表 8-2 的要求。

交通标线质量要求　　表 8-2

序号	检查项目				规定值或允许偏差
1	标线线段长度(mm)	6000			±30
		4000			±20
		3000			±15
		2000			±10
		1000			±10
2	标线宽度(mm)				+5,0
3	标线厚度(干膜,mm)	溶剂型			不小于设计值
		热熔型			+0.50,-0.10
		水性			不小于设计值
		双组分			不小于设计值
		预成型			不小于设计值
		突起型	突起高度		不小于设计值
			基线厚度		不小于设计值
4	标线横向偏位(mm)				≤30
5	标线纵向间距(mm)	9000			±45
		6000			±30
		4000			±20
		3000			±15
6	新划标线的反光标线逆反射系数($cd \cdot lx^{-1} \cdot m^{-2}$)	非雨夜反光标线	Ⅰ级	白色	≥150
				黄色	≥100
			Ⅱ级	白色	≥250
				黄色	≥125
			Ⅲ级	白色	≥350
				黄色	≥150
			Ⅳ级	白色	≥450
				黄色	≥175
		雨夜反光标线	干燥	白色	≥350
				黄色	≥200
			潮湿	白色	≥175
				黄色	≥100
			连续降雨	白色	≥75
				黄色	≥75

续上表

序号	检查项目				规定值或允许偏差
6	新划标线的反光标线逆反射系数（cd·lx^{-1}·m^{-2}）	立面反光标记	干燥	白色	≥400
				黄色	≥350
			潮湿	白色	≥200
				黄色	≥175
			连续降雨	白色	≥100
				黄色	≥100
7①	抗滑值(BPN)	抗滑标线			≥45
		彩色抗滑标线			满足设计要求

注：①抗滑标线、彩色抗滑标线测量抗滑值。

三、护栏

1. 定义与类型

公路护栏是一种纵向吸能结构，通过自体变形来吸收碰撞能量，从而改变车辆行驶方向、阻止车辆越出路外或进入对向车道、最大限度地减少对乘员伤害的设施。按照护栏碰撞后的变形程度，可分为刚性护栏、半刚性护栏和柔性护栏，其主要代表形式分别为混凝土护栏、波形护栏（半刚性护栏还有旋转式护栏）和缆索护栏，见图 8-11 ~ 图 8-14。主要施工机械有滑膜车、打桩机等。

图 8-11　混凝土护栏

图 8-12　波形护栏

图 8-13　缆索护栏

图 8-14　旋转式护栏

2. 工艺要点

1)混凝土护栏

(1)现场浇筑混凝土护栏采用固定模板法施工时,宜采用钢模板,且模板厚度不应小于4mm,浇筑前,应按要求绑扎钢筋、安装预埋件。

(2)采用滑模法施工时,施工速度根据旋转搅拌车、混凝土卸载速度及成型断面的大小决定,一般宜为0.5~0.7m/min。

(3)拆模时不得损坏混凝土护栏的边角,外观、色泽应均匀一致,不应出现漏石、蜂窝、麻面、裂缝脱皮、啃边、掉角以及印痕等现象。

2)波形护栏

(1)进行波形护栏和缆索护栏立柱安装前,应确定沿线路面以下埋设的电缆、管道等的具体位置,确保在护栏施工时不被破坏。

(2)波形护栏位于土基中的立柱可采用打入法、挖埋法或钻孔法施工;采用打入法打入过深时,必须将其全部拔出,将基础压实后再重新打入,无法打入要求深度,严禁将立柱的地面以上部分焊割、钻孔,不得使用锯短的立柱,打桩机见图8-15。采用挖埋法时,回填土应采用良好的材料并分层夯实;采用钻孔法时,立柱定位后应采用与路基相同的材料回填并压实。

(3)在铺有路面的路段设置立柱时,柱坑的回填材料应与原路基材料相同,从路基至面层以下5cm处应采用与路基相同的材料回填,余下部分采用与路面材料相同的材料回填,并分层夯实。

(4)护栏板应通过拼接螺栓相互连接成纵向横梁,并由连接螺栓固定于防阻块、托架或横隔梁上,固定于防阻块的波形护栏见图8-16。

图8-15 打桩机

图8-16 固定于防阻块的波形护栏

(5)所有的连接螺栓及拼接螺栓应在护栏的线形达到要求时才能拧紧,终拧扭矩应符合要求,见表8-3。

波形护栏螺栓终拧扭矩 表8-3

螺栓类型	螺栓直径(mm)	扭矩值(N·m)
普通螺栓	M16	60~68
	M20	95~102
	M22	163~170
高强螺栓		315~430

3)缆索护栏

(1)缆索护栏的端部及中间端部立柱应将立柱、斜撑及底板焊接成牢固的三角形支架;根据最终位置开挖基坑、浇筑混凝土基础,达到规定高程时,对三角形支架准确定位。

(2)缆索应在端部及中间端部立柱的混凝土基础达到设计强度的80%以上时架设,应支放在立柱的内侧,通过中间支架向另一端滚放。

(3)缆索应按从上向下的顺序架设,钢丝绳应符合要求,见表8-4。

缆索护栏钢丝绳要求 表8-4

钢丝绳直径(mm)	单丝直径(mm)	构　造	钢丝绳公称抗拉强度(MPa)	断面积(mm^2)	捻制方法	单位质量(kg/m)
18	3.86	3股7芯	≥1270	134	右同向捻	1.09

4)旋转式护栏

旋转式护栏一种使用旋转桶作为主要接触介质的道路护栏,其旋转桶可在撞击力作用下旋转,进而带动车辆完成转向回复。旋转式防撞护栏为半刚性护栏,主要安置在公路及城市道路上容易发生汽车与路中固定设施发生碰撞的地方,道路中央隔离、十字路口,高速公路收费站广场引导隔离,路的转弯处,路及高架路的进出口,公路边上钢丝绳安全栏下面等。

(1)立柱、横梁、螺栓、螺母回旋圈、端头等所用金属材质应为碳素结构钢,力学性能指标应满足要求,且不低于Q235牌号钢的要求,螺栓螺母抗拉强度不小于375 N/mm^2。

(2)护栏的线形应与公路的线形相一致,直线段不得出现明显的凸凹,曲线段应圆滑顺畅。

四、隔离栅

1.定义与类型

隔离栅是防止人和动物随意进入或横穿高速公路,防止他人非法占用公路用地,是保障行车安全、维护路产路权的重要设施。按照隔离栅构造形式可分为金属网、钢板网、刺铁丝和常青绿藤几大类。

2.工艺要点

(1)除以下条件外,高速公路、需要控制出入的一级公路沿线两侧必须连续设置隔离栅(中心线可沿公路用地范围界限以内20~50cm处设置),其他公路可根据需要设置。

①路侧有水面宽度超过6m且深度超过1.5m的水渠、池塘、湖泊等天然屏障的路段。

②高度于1.5m的路肩挡土墙或砌石等陡坎的填方路段。

③桥梁、隧道等构造物,除桥头、洞口需与路基隔离栅连接以外的路段。

④挖方高度>20m且坡度>70°的路段。

(2)隔离栅遇桥梁、涵洞时,应在桥头锥坡或端墙处进行围封。

(3)隔离栅的网孔尺寸可根据公路沿线动物体型进行选择,最小网孔不宜小于50mm×50mm。

五、防眩设施

防眩设施是指防止夜间行车受对向车辆前照灯眩目的人工构造物。主要有防眩板、防眩网和植物防眩等形式，三种防眩形式的优缺点见表8-5。

三种防眩型式优缺点 表8-5

特　　点	植树（灌木）		防　眩　板	防　眩　网
	密集型	间隔型		
美观	好		好	较差
对驾驶人心理影响	小	大	小	较小
对风阻力	大		小	大
积雪	严重		好	严重
自然景观配合	好		好	不好
防眩效果	较好		好	较差
经济性	差	好	好	较差
施工难易	较难		易	难
养护工作量	大		小	小
横向通视	差	较好	好	好
阻止行人穿越	较好	差	较好	好
景观效果	好		好	差

（1）防眩板或防眩网整体应与公路线形协调一致，不得有明显的扭曲或凹凸不平。

（2）设置在混凝土护栏上的防眩板应在混凝土达到设计强度的70%以上时安装。

（3）设置在波形护栏上的防眩板不应损伤波形梁护栏的防腐层，否则应在24h内予以修补。

（4）采用植物防眩时，应根据当地气候条件，选择易成活、根系发达且对埋土深度要求较浅、枝叶茂密、落叶少、养护工作量少的树种，如侧柏、桧柏、小冠彩叶树木等，总之要窄冠小冠的树木，避免树冠挤占空间和遮挡视线。

六、声屏障

声屏障为减轻行车噪声对附近居民的影响而设置在公路侧旁的墙式构造物，见图8-17。

a)

b)

图8-17　高速公路声屏障

(1)小型声屏障的立柱和板面采用人工一次性安装,双柱式路侧声屏障,两支柱应垂直并相互平行,其顶端在同一高度上,连接件对称布设。

(2)汽车吊安装时,吊臂下严禁站人,捆绑要牢靠,不能破坏声屏障板的边角,更不能对版面有划痕或其他损坏。

(3)安装时,应注意立柱垂直度调整和板面与道路的夹角,板面的净空高度和侧向净空符合设计要求。

第三节　主要安全风险与控制要点

一、主要安全风险

交通安全设施施工中存在的一般安全风险主要有物体打击、高处坠落、起重伤害、机械伤害、车辆伤害、火灾等。此外,在进行热熔标线施工时,还存在因操作不当或个人防护不到位等原因,造成中毒和灼烫伤害等特有安全风险。

二、安全控制要点

(1)交通安全设施安装涉及的工种主要有混凝土工、钢筋工、模板工、电工、电焊工、起重机司机等,其中电工、电焊工、起重机司机均应取得特种作业资格证书后方可上岗作业。

(2)吊装作业应设警戒区,专人指挥,吊运半径内严禁无关人员进入。

(3)安装门架标志时,作业人员不得站在门架横梁上作业;需高处作业时应使用高空平台作业车或液压升降平台。高空平台作业车操作人员应经过专门培训并持证上岗,作业现场应有专人指挥。

(4)桥梁护栏、防抛网、防眩板等施工过程中,作业人员应在桥上护栏内侧施工,不得在无防护的条件下站立护栏顶或外侧施工,防止人员高处坠落。

(5)打压立柱的桩机移动时应注意避让地面沟槽、地上架空线路等障碍物。

(6)运输车辆未停稳,不得装、卸货物,立柱堆放应采取防止滚落的措施。

(7)燃料气瓶应经特种设备检验合格,并安装回火防止器及防震圈,放置在保护架内,防止气瓶受到碰撞或翻滚。

(8)热熔釜罐口应有盖板,并在罐口加装防落网,防止人员跌落高温罐内;罐身应挂高温警示标志;熔料最大投料量不得超过缸体的4/5,热熔釜和漆料保温桶上方不得出现明火。

(9)标志基坑开挖时,基坑边缘应设置防护栏杆或围挡,夜间应加设红色警示灯。

(10)施工区域须设置警示围蔽设施,在施工点前、后方50m位置应设置“前方施工、减速慢行”导向指示牌、限速牌及频闪灯等警示标志,同时在施工区域设置隔离设施、反光锥等进行围蔽。

(11)桥上现浇混凝土护栏施工、金属护栏安装施工时,应使用专用工作架,防止人员坠落。

(12)标线涂料、塑料防眩设施等易燃材料存放仓库应配备相应消防设施,宜采取35kg以上推车式灭火器,见图8-18。

(13)波形护栏立柱及护栏板堆放和运输时应成捆绑扎,运输时应使用带有侧面栏板的车辆,材料两端应加设钢架或三角木支垫。堆放时,应整齐、稳固,堆叠层数不应超过三层,且高度不大于1.5m。

(14)材料在路面临时堆放时,应靠路面一侧单侧堆放,不得随意摆放;在材料堆放区周边设置反光锥进行警示,见图8-19。

图8-18 物料堆放点消防设施

图8-19 路面单侧堆放反光锥

(15)在通车道路上施工或夜间作业时,交通指挥人员和上路作业人员按规定穿着反光背心。

(16)隧道内施工时,应安排专人在洞内作业区指挥车辆,做好作业区的照明和通风工作。

(17)桥梁防抛网安装,应封闭桥下通道,禁止无关人员及车辆进入跨线施工下方空间。无法封闭交通时,应在作业区车道上设置防护棚。

(18)雨雪、大雾及6级以上大风等极端恶劣天气严禁起重吊装及露天高处作业。

参考文献

[1] 中华人民共和国国家标准　GB 6722—2014　爆破安全规范[S]. 北京:中国标准出版社,2014.

[2] 中华人民共和国行业标准　JTG B01—2014　公路工程技术标准[S]. 北京:人民交通出版社,2014.

[3] 中华人民共和国行业标准　JTG F10—2006　公路路基施工技术规范[S]. 北京:人民交通出版社,2006.

[4] 中华人民共和国行业标准　JTG F90—2015　公路工程施工安全技术规范[S]. 北京:人民交通出版社股份有限公司,2015.

[5] 中华人民共和国行业推荐性标准　JTG F50—2011　公路桥涵施工技术规范[S]. 北京:人民交通出版社,2011.

[6] 中华人民共和国行业标准　JTG F40—2004　公路沥青路面施工技术规范[S]. 北京:人民交通出版社,2004.

[7] 中华人民共和国行业标准　JTG F80/1—2017　公路工程质量检验评定标准:第一册　土建工程[S]. 北京:人民交通出版社,2017

[8] 中华人民共和国行业推荐性标准　JTG/T F30—2014　公路水泥混凝土路面施工技术细则[S]. 北京:人民交通出版社,2014.

[9] 王琨. 公路工程施工技术[M]. 徐州:中国矿业大学出版社,2015.

[10] 袁玉卿. 路基路面工程[M]. 2 版. 北京:中国电力出版社,2016.

[11] 栗振锋,李素梅. 路基路面工程[Z]. 2 版. 北京:人民交通出版社,2009.

[12] 中交第一公路工程局有限公司企业内部系列技术标准　公路工程施工工艺标准(桥涵) FHEC [Z] . 北京:人民交通出版社,2007.

[13] 广东省交通运输厅. 广东省高速公路工程施工安全标准化指南:第二册　安全技术[M]. 北京:人民交通出版社,2017.

[14] 交通运输部工程质量监督局. 公路水运工程施工企业安全生产管理人员考核培训教材:公路分册[M]. 北京:人民交通出版社,2011.

[15] 中华人民共和国行业标准. JTG D81—2017　公路交通安全设施设计规范[S]. 北京:人民交通出版社,2017.

[16] 中华人民共和国行业标准. JTG F71—2006　公路交通安全设施施工技术规范[S]. 北京:人民交通出版社,2006.

[17] 中华人民共和国国家标准. GB 5768—2009　道路交通标志与标线[S]. 北京:中国标准出版社,2009.

[18] 中华人民共和国行业标准. JT/T 280—2004　路面标线涂料[S]. 北京:人民交通出版社,2004.

[19] 中华人民共和国国家标准. GB/T 16311—2009　道路交通标线质量要求和检测方法[S]. 北京:中国标准出版社,2009.

［20］ 浙江省地方标准. DB 33/T 888—2013　旋转式防撞护栏设置规范［S］. 北京：人民交通出版社，2013.

［21］ 中华人民共和国国家标准. GB/T 24725—2009　突起路标［S］. 北京：中国质检出版社，2009.

［22］ 中华人民共和国行业标准. JTG H30—2015　公路养护安全作业规程［S］. 北京：人民交通出版社，2015.